Creating a Culture of Encounter

A Guide for Joyful Missionary Disciples

Committee on Cultural Diversity in the Church
UNITED STATES CONFERENCE OF CATHOLIC BISHOPS
WASHINGTON, DC

Creating a Culture of Encounter: A Guide for Joyful Missionary Disciples was developed as a resource by the Subcommittee on Hispanic Affairs under the direction of the of the Committee on Cultural Diversity in the Church, of the United States Conference of Catholic Bishops (USCCB). It was approved by the Committee Chairman, Bishop Nelson J. Pérez. It has been directed for publication by the undersigned.

Msgr. Brian Bransfield
General Secretary, USCCB

Contributing Writers for *The V Encuentro Guide Missionary Disciples: Witnesses of God's Love*:

Alejandro Aguilera-Titus
Petra Alexander
Rev. Rafael Capó, Sch.P.
Carmen Fernández-Aguinaco

Rev. Alejandro López-Cardinale
Dr. Hosffman Ospino
Roberto Rojas
Alejandro Siller-González

Revised *Creating a Culture of Encounter* Editors:
Patricia Gutierrez
Patricia Jiménez
Alejandro Aguilera-Titus
Carmen Fernández-Aguinaco

Illustrations by Carmen Soto de Fernández.

ISBN: 978-1-60137-629-9

First Printing, May 2019

Contents

Contenido

PART I

Introduction

1. The Vision and Objectives of *Creating a Culture of Encounter*

Creating a Culture of Encounter (CCE) is an adaptation of the process developed for the V National Encuentro of Hispanic/Latino Ministry, a priority activity of the United States Conference of Catholic Bishops Strategic Plan: 2017-2020.

The main goal of *Creating a Culture of Encounter* is to discern ways in which the local Church can better respond to those who live on the peripheries of society and foster ways in which the faithful can respond, as missionary disciples, to the call of the New Evangelization, serving the whole Church.

Creating a Culture of Encounter is a process of formation in the faith that invites all Catholics in the United States to an intense missionary activity, in the spirit of the New Evangelization. The process of Encounter calls Catholics to better serve those on the periphery in dioceses, parishes, ecclesial movements, and other Catholic organizations and institutions in light of its theme: Joyful Missionary Disciples.

All leaders in (arch)dioceses, parishes, lay ecclesial movements, and other Catholic organizations and institutions are invited to participate by reaching out to those living in the peripheries, through the missionary process of evangelization of *Creating a Culture of Encounter*.

Creating a Culture of Encounter has four objectives:

1. Promote a vision of the Church in mission that invites, engages, and forms youth, young adults, families, and lay ecclesial movements to live out their baptismal vocation.
2. Provide a process of faith sharing and missionary activity that prepares Catholics to share and celebrate the Good News of Jesus Christ and to become leaven for the reign of God in society.
3. Call all Catholics in the United States to become authentic and joyful missionary disciples by giving witness to God's love with a prophetic voice by encountering their brothers and sisters in Christ.
4. Invite all Catholic leaders to engage and accompany the most vulnerable and those who find themselves on the peripheries of the Church and society.

At the heart of the Encounter process is a five-week experience of reflection and evangelization guided by five themes, inspired by Pope Francis's call to foster a culture of Encounter (see *The Joy of the Gospel*, no. 24):

1. Called to a Loving Encounter with Jesus in the Church
2. With Words and Actions: Do It!
3. Walking Together with Jesus
4. Bearing Fruits of New Life
5. Celebrating the Joy of Being Missionary Disciples

This guide offers all the necessary information your community, group, or organization needs to participate in the five-week experience. All Catholics are invited to participate!

2. Encounter as a Process of Evangelization

Catholics in the United States enter the Encounter process in response to the Church's universal invitation to a New Evangelization in our day. Many are the signs of hope that give life to Catholicism in the United States: our faith communities, our people, cultural diversity, the desire to build families and a society rooted in Christian values, and particularly our youth. But we also know that there are many challenges: the increasing influence of secularization (millions of Catholics drifted away from the Church), lack of resources to evangelize, a shortage of pastoral ministers to walk with God's people in their spiritual journeys, and their longing for justice, among others. The Encounter process is an opportunity for local Churches in the United States to announce Jesus Christ and his message to those in the peripheries with new ardor, new methods, and new expressions.

3. Encounter as a Process of Communion

Many generations of Catholics since the sixteenth century, even before the United States considered itself a nation, have contributed to building communities of faith in the United States rooted in the Catholic tradition. Diversity at all levels has always been part of our experience (i.e., cultural, linguistic, and even ideological), and yet there is only one Catholic communion in the country. The Encounter process is a way by which we can respond to God's call for all to live in communion as missionary disciples in light of our shared faith in Jesus Christ, listening to God's Word, celebrating the sacraments, and affirming the many ways in which we experience God in everyday life. When the Church in the United States embraces the challenge to respond better to the needs of the faithful and strengthens the ways in which Catholics respond to the call to the New Evangelization as missionary disciples, serving the entire Church, we experience communion.

4. Encounter as a Process of Consultation

As a profoundly ecclesial process of evangelization and communion, the Encounter process is committed to engaging Catholics in a process of intentional listening. Such listening, in this particular process, is defined by the location where it takes place: the peripheries of family, Church, and society. Millions of Catholics live in those peripheries. The Encounter process is a process that empowers Catholics, who already come to our parishes, lay ecclesial movements, and other Catholic organizations, to "go out" to the peripheries where many Catholics live, feeling abandoned, unheard, desolate, and often times disaffected. The Encounter process is an evangelizing process that prepares missionary disciples in the Church to listen attentively, engage people's lives, and acknowledge hopes and frustrations. Through this consultation, people on the peripheries of our families, churches, and society, especially the young, are invited to express their voice, their hopes, and their dreams. The missionary disciples who listen to such voices will, in turn, be challenged to evaluate structures and ways of doing ministry as part of a process of pastoral conversion. Pastors, parochial vicars, and pastoral administrators are also invited to participate in the consultation process carried out by the missionary disciples. This process will bring many thousands of Catholics closer to Christ, while bringing countless benefits to the Church in the United States.

5. The Encounter Prayer

God of infinite Mercy,
you sent your Risen Son
to encounter the disciples on the way to
    Emmaus.
Grant us today a missionary spirit
and send us forth to encounter
our sisters and brothers:

to walk with them in friendship,
to listen to their hopes and dreams
with compassion,
and to proclaim your Word with courage,
so that they might come to know you once
    again
in the breaking of the Bread.

Make us all missionary disciples, and stay
    with us always,
as we seek to share the joy of the Gospel
with people of all generations,
from every race, language, culture, and
    nation.

We ask you this with burning hearts,
filled with the Holy Spirit,
in the name of our Lord Jesus Christ,
and through the loving intercession of
our Blessed Mother Mary, Our Lady of
    Guadalupe,
Star of the New Evangelization in the
    Americas.
Amen.

PART II

Sessions of the Guide for
Creating a Culture of Encounter

Resources for the Use and Adaptation of the Guide

Audiences and Contexts

The guide for the Encounter process was designed to be used by all Catholics in faith communities throughout the United States. The goal is for small groups to use this resource in parishes, lay ecclesial movements, small communities, Catholic schools, pastoral institutes, campus ministry settings, organizations, and any other context where Catholics are discerning how to better serve those on the peripheries, while strengthening the ways in which the faithful respond to the call to the New Evangelization as missionary disciples serving the entire Church. Most Catholics in the United States who practice their faith still have a strong connection to parish life. Thus, the process of reflection, evangelization, and outreach delineated in this guide challenges parishes to invite as many parishioners as possible to organize in small groups and participate in the process. It would be ideal for parish councils and commissions (e.g., pastoral, finance, liturgy) to embrace the process as part of their meetings. Boards of Catholic organizations, leadership teams, administrative teams in schools, groups of teachers, campus ministry teams, diocesan offices, small groups associated with apostolic movements, prayer groups, groups of priests and permanent deacons, groups of vowed religious, programs of continuing education, seminarians, students in ministry and theological programs, etc., are strongly encouraged to consider experiencing the five-week (or five-session) process. Besides being a powerful tool to refocus their work in light of the Church's evangelizing mission, it will inspire a desire to further engage Catholics on the peripheries.

Invitation to Adapt the Guide

There are many contexts and realities that shape the experience of the more than 70 million Catholics in the United States. It would be unrealistic for any resource to address every possible reality and question that emerges in each particular context. Also, there are major regional differences that need to be taken into consideration. For example, the needs and expectations for ministry in Fresno, California, are significantly different from those for ministry in Rockville Centre, New York. To speak of outreach to the peripheries in an apostolic movement most likely calls for a different conversation when compared to

speaking of outreach to the same group in the context of campus ministry or a Catholic school. The five sessions that constitute this guide, therefore, are to be treated as the basic building blocks that inspire reflection and commitment to evangelization as part of the Encounter process. The methodology and spirituality sustaining the process already helps ensure a fruitful experience. However, parishes, dioceses, apostolic movements, organizations and institutions, schools, and other groups are encouraged to make adaptations deemed necessary, while maintaining the structure and the focus on Catholics on the peripheries as much as possible. Consideration should be given to ways in which seminarians and religious communities can also be engaged in the missionary work of the Encounter process. Do not hesitate to highlight local examples and efforts, raise questions that are more specific to your particular reality, propose activities for missionary work that respond more directly to the context in which you evangelize, etc.

If your pastoral team makes an adaptation that you think will be effective in reaching out to a particular audience, such as farmworkers, or seminarians, or Catholic school administrators, or youth in at-risk situations, or prisoners, to mention just a few, please consider sharing those adaptations with the rest of the country. To do this, write an email to *diversity@usccb.org* with the materials you adapted. There will be an entire section on the Encounter process website with all these resources, as they become available, that can benefit hundreds of thousands of Catholics in the country. For more information on the use of this guide, you can visit: *http://www.uscccb.org/issues-and-action/cultural-diversity/*.

Themes and General Objectives of the Guide

At the heart of the Encounter process is a five-week experience of reflection and evangelization guided by five themes inspired by Pope Francis's call to foster a culture of Encounter (see *The Joy of the Gospel*, no. 24):

1. Called to a loving encounter with Jesus in the Church
2. With words and actions: Do it!
3. Walking together with Jesus
4. Bearing fruits of new life
5. Celebrating the joy of being missionary disciples

This guide offers all the necessary information your community, group, or organization needs to participate in the initial five-week experience. All Catholics are invited to participate in the process to go out and encounter those who have not felt the embrace of the Church.

The five sessions of this guide are at the heart of the process of reflection and evangelization for the Encounter process. By entering this process, Catholic faith communities and groups in the United States are invited to

1. Experience being a Church that goes forth.
2. Inspire a process of reflection and faith sharing among members of the small group.

3. Contemplate the calling to being missionary disciples.
4. Prepare to engage in evangelizing missions on the peripheries.
5. Share the experience to discern pastoral implications.
6. Make the transition from small groups into small faith communities.

The carrying out of the five sessions culminates in the celebration of a Parish Encounter. Instructions to plan the Parish Encounter are included in Part II, after Session 5.

Structure of Each Session

General Information

- Objectives
- Symbols
- Instructions to prepare the setting

Introductory Section

- Introduction
- Biblical excerpt from Luke 24: The Encounter with the Disciples on the Road to Emmaus
- Reflection on the biblical text
- After a few moments of silent reflection, a person assigned by the group shares a reflection on the reading, focusing on the evangelizing step that inspires the session

Core Sections

- See — Focus on how the theme of the session connects to the individual person's story and that of the faith community.

- Judge — Reflection on the theme of the session with questions to discuss.
- Act — Invitation to specific actions as missionary disciples going out to the peripheries. Most actions focus on youth and families.
- Celebrate — A short ritual that captures the essence of what was discussed during the session. It is important to encourage pastors and facilitators to incorporate known religious songs/hymns and popular devotions familiar to their communities. For the Encounter process songs included in the guide, visit *https://www.ocp.org/en-us/encuentro-musica*.
- Mission — Specific instructions to do missionary work during the week. Beginning with the first session, every participant in the Encounter process will be invited to join in the missionary action and then return to share about the experience at the next session.

Specific Instructions for Small Group Facilitators

Thank you for accepting the invitation to be a facilitator of a small group as part of the Encounter process. Remember the five basic responsibilities you have as a facilitator:

1. Prepare the space for the group to meet.
2. Guide the conversation, ensuring that everyone is welcomed and has a chance to participate.
3. Procure and distribute the symbols and any other materials to be used for each of the sessions. It may help to reflect on how the symbols speak to your participants or consider other symbols in addition to, or in place of, the suggested symbols.
4. Participate in the Parish Encounter and encourage the group members to participate.

Here are a few practical recommendations that will help you facilitate the best possible experience:

- Spend some time in prayer before each session. If you pray the holy Rosary on a regular basis, offer this beautiful prayer for the success of the session and the people who will participate.
- Read the entire content of each session before meeting with the small group. Become familiar with the biblical texts, the words and ideas that are in the session, and the questions that are being proposed.
- Assign adequate time for the completion of each of the five moments of the session. For instance, know that the sections SEE and JUDGE will require more time than the others.
- Develop a strategy to facilitate the conversation that encourages all participants to share their thoughts and reflections.
- Confirm that the number of symbols to be handed out at each session matches that of the participants in the small group.

- If you are going to incorporate some media resources (e.g., video, music, images, etc.), test your media equipment before the session. There are many resources on the Encounter process website that you could use during the session, but you will need access to the Internet or a device that allows you to access those resources.
- Arrive at least fifteen minutes before your small group meets to prepare the altar or sacred space.
- Make sure that the meeting space is free of interruptions and noises that will distract participants.

- Offer a warm welcome to every participant in your small group. Greet everyone by name.
- Make sure that the interaction among the group is always welcoming, respectful, and affirming.
- At the first session, ask all participants for their preferred contact method. If a participant misses a session, communicate with this person to follow up. Renew the invitation.
- At the end of each session, thank all participants, and remind them of the day and time of the next meeting. Send a reminder the day before the next meeting.

Session 1

Called to a Loving Encounter with Jesus in the Church

Objectives

- Share experiences of encounter with Jesus and how he seeks us out first, so we can see.
- Deepen our understanding of our baptismal call to be missionary disciples.
- Prepare as missionary disciples to give priority to those who need it most.

Symbols

Blindfolds.

Preparing the Setting

Before starting the session, prepare the space where the small group will meet. Arrange the chairs in a circle and place the image of a path in the center. Place the blindfolds near the path symbolizing all those things that prevent us from seeing. Ideally, there should be one blindfold per participant.

Prayer

Song: "Open My Eyes"/"Abre Mis Ojos" (Jesse Manibusan) with the Encounter Prayer.

Introduction

Welcome to the first session of the Encounter process. In these five weeks we will make our own journey with Jesus, following the various moments of the passage of Emmaus. We will also prepare to reach out to those who most need to hear the Good News of Jesus and feel the loving embrace of the Church. In this first session, we will focus on how Jesus reaches out to the disciples, taking the first step in coming forth to meet them.

The session starts with the following reading from the Scriptures (Luke 24:13-15):

> Now that very day two of them were going to a village seven miles from Jerusalem, called Emmaus, and they were conversing about all the things that had occurred. And it happened that while they were conversing and debating, Jesus himself drew near and walked with them, but their eyes were prevented from recognizing him.

After a few moments of reflection in silence, a person from the group shares the following reflection on the reading:

Reach out, take the first step . . .

In the biblical passage of the disciples on their way to Emmaus, Jesus comes forth to meet these two disciples who are returning from Jerusalem filled with fear, anxiety, and frustration. Jesus actively looks at the reality affecting his disciples and inserts himself in it. Jesus knows all his disciples have been traumatized by the death of their teacher, friend, and Lord. His death deeply disturbed them and filled them with fear. Their master had been arrested, tried, and found guilty of a crime deserving the death penalty, according to the laws of the time. The passage indicates that these two disciples remained three days in Jerusalem after the death of Jesus before deciding to leave town. It is possible that, during those days, they were in hiding out of fear of being recognized as disciples of the executed one, as Peter feared, when three times he painfully denied knowing and even being a disciple of Jesus. They finally decide to leave the city, to get far away from that place of death, and return to their lives, to what they were doing before following Jesus.

The first action Jesus takes in this passage is to join the disciples in their walk. With this action, Jesus takes the first step. He gives priority to the disciples by reaching out to them and coming forth to meet them. Jesus approaches them with deep respect in order to listen to what they are saying, grasp their feelings, and perceive their reaction to the events. He reaches out to them, and listens to them, knowing their thoughts and feelings, and how much they have endured.

The biblical narrative indicates that the disciples did not recognize the stranger who joined them along the way because "something prevented their eyes from recognizing him." We do not know how close to the disciples Jesus was walking, or for how long. What we do know is that Jesus is listening to what they say, and he recognizes their gestures of discouragement and sadness. This action of anonymous accompaniment shows great respect to the mourning the disciples are experiencing due to the death of such a beloved person in whom they had placed all their hopes. Deep in their sorrows, the disciples also face the harsh temptation that they may have wasted their time by following someone who turned out not to be who they thought he was. It is very likely that it was precisely this pain and confusion that prevented them from recognizing Jesus.

See

The facilitator invites the group to share in light of the following questions:

[*This sharing can happen in pairs, making sure that, while a person is sharing his or her experience, the other one is listening without judging, making comments, or giving advice. The person simply listens with all his or her senses and heart.*]

1.

Let us consider a moment in our personal history:

Share an experience in which you felt Jesus took the initiative to reach out to you.

- What were the blindfolds that prevented you from recognizing Jesus (e.g., tiredness, worries, the need to survive, the lack of reflection, isolation . . .)?

- Who was walking by me? Who joined me in solidarity? Who gave me a friendly hand?

- Who or what restored my hope?

Once participants have offered their thoughts, the facilitator shares with the group about the historical memory of the local faith community.

2.

Questions for Participants

- What missionary programs or activities are present in your parish, school, or ecclesial movement that reach out to youth and families who are estranged from the Church?

- Are Sunday Masses celebrated in your parish in other languages?

- In what other ways does your faith community reach out to those on the peripheries?

Judge

God seeks us out first through the Sacrament of Baptism and calls us to be missionary disciples of God's divine love.

God is the Lord of history. We were called to God's own life, and through the waters of Baptism, we rose with Christ to a new life as sons and daughters of God.

Such splendid dignity makes us kings—children of a King; priests—participating in the

priesthood of Christ; and prophets—proclaimers and messengers of the Word of God in the world. Thus, our Baptism is an urgent call to participate in the life and mission of God. Pope Francis reminds us that, by virtue of our Baptism each member of the People of God becomes a missionary disciple (*Evangelii Gaudium*, no. 120). In turn, the bishops emphasize the urgency of evangelization: "Clearly, unless we continue to be evangelized ourselves, with renewed enthusiasm for our faith and our Church, we cannot evangelize others. Priority must be given to continued and renewed formation in the faith as the basis of our deepening personal relationship with Jesus" (*Go and Make Disciples*, no. 47).

Jesus invites all the baptized to seek others out first and gives us the Holy Spirit to guide our joyful steps. One of the most popular mottos in Hispanic ministry—born out of the III Encuentro Nacional de Pastoral Hispana (1985)—is: "Go from pews to shoes," that is, become the Church in mission that Pope Francis lives and preaches, always ready and willing to reach out, particularly those who are far away.

In the Apostolic Exhortation *The Joy of the Gospel*, Pope Francis tells us that reaching out first, means taking the initiative without fear: be the first to greet, to forgive, to listen, to show mercy, because God loves us first. This demands reaching out to others, to invite the excluded, to offer mercy, and to experience the joy of being a blessing to others. This missionary image of reaching out first calls to mind the *Prayer of Saint Teresa of Avila* that says:

> Christ has no body on this earth but yours.
>
> No hands but yours.
>
> No feet but yours.
>
> Yours are the eyes with which he looks on the world with compassion.
>
> Yours the feet with which he walks doing good.
>
> Yours the hands he now has to bless us.

Act

Taking the first step.

How could we prepare ourselves for mission, what steps should we take, what gestures should we make to be the hands, the feet, and the eyes of God in the world?

Let us follow the example of Jesus in the story of Emmaus. Before joining the disciples who are on the way, Jesus actively looks at the reality affecting them and inserts himself in it. Jesus does not engage his disciples from afar. It is necessary for the Risen Christ to go to the peripheries where his disciples are. Those physical, political, emotional, and mental peripheries have potentially turned them into confused and hopeless followers who may well share the fate of the one who died on the cross. This action teaches us to be present to the particular reality in which

people live, and from that presence, to take the blindfolds off our eyes, open our senses, hearts, and minds, as a preparation to receive the light of grace and a deeper encounter with one another and the Risen Lord in our midst.

Looking at our own pastoral activity, it becomes clear that we cannot actively engage reality only from behind a desk, at a rectory, or in a classroom. It is necessary to reach out to people in their daily contexts and to join them in their paths with a missionary attitude of deep respect.

In the Gospel According to Luke (ch. 10), we see how Jesus sends seventy-two of his disciples to do missionary work, to go in pairs to preach the Good News to all the cities and places where he would go. Today, we are the disciples being sent, and the places where we should go are those where the people most in need to be "reached out to first" are. We go to them so that they can experience the unconditional love and the mercy of God.

- What are some of those places where Jesus sends us in pairs today?
- Who are the people we need to reach out to urgently?
- What attitudes, gestures, and actions can help us encounter one another in daily life at work, school, the neighborhood, public transportation, the supermarket, the faith community, etc.?

During this week, let us make the missionary commitment to reach out to others. To "put on our shoes" means to get into action. Let us consider where, specifically, we can start to reach out first, to truly be the Body of Christ in the world. Consider these three actions:

- In our daily life, reach out to the people you meet as part of your daily life, particularly those on the peripheries. That includes removing the blindfold of indifference, routine, prejudice, ignorance, and fear. Once we take that blindfold off, we can embrace welcoming attitudes, gestures, and actions.
- Identify a specific person you feel has a special thirst, a pain or a need, or is going through difficult moments, a person who needs to experience the tenderness of God and the love of the Church (see Outline for Missionary Action A on p. 16).
- In pairs, go to a place on the peripheries where people congregate. Spend an hour or two there actively contemplating the reality of the place. It could be a market, a neighborhood, a park, a sports activity center, the end of the day at a public school, a busy street in a town or a larger city, a place of business, a welfare office, a farm, a food bank, etc. (see Outline for Missionary Action B on p. 16).

Celebrate

Song: "Here I Am, Lord"/"Aquí Estoy, Señor" (Dan Schutte) or "Lord, You Have Come" (Cesáreo Garabain).

Closing Prayer

Leader

Loving Lord, you have taken the first step and reached out to us. You have sought us out in so many ways, through so many events and people in our lives. Sometimes we have covered our eyes with blindfolds of our own making and have failed to see you. But, gently and lovingly, you have walked near us at all times. Allow us now to see and to have the courage to remove the blindfolds from our eyes so that we might see you in our daily life, in our pains and in our joys, in the life around us, in our brothers and sisters, in the thirst for you that those around us experience. Lead us to recognize that your eyes, your feet, and your hands in this world are our eyes, our feet, and our hands stretched out for others. Others are waiting for us. Send us!

Let us now take a blindfold in our hands and reflect on what hinders us from seeing and recognizing God's action in our lives, or from seeing the need of the love of God that others have.

All

Take away, Lord, the blindfold of our self-centeredness, which prevents us from seeing you.

Take away, Lord, the blindfold of our worries about the future, which fill us with fear and prevent us from reaching out to others.

Take away, Lord, the blindfold of indifference, which prevents us from seeing the need to get out of our comfort zones.

Take away, Lord, the blindfold of our pain and disappointment, which prevents us from seeing you walking with us.

Take away, Lord, the blindfold of our obsession with possessions and control, which prevents us from seeing that we depend on you alone and that you are our light and all we need.

Take away, Lord, the blindfold of our doubt that prevents us from seeing you as the Risen One, in all areas of our life.

A person from the group then reads (Luke 10:1-3, 17a):

> After this, the Lord appointed seventy [-two] others whom he sent ahead of him in pairs to every town and place he intended to visit. He said to them: "The harvest is abundant, but the laborers are few; so ask the master of the harvest to send out laborers for his harvest. Go on your way." . . .
>
> The seventy [-two] returned rejoicing. [and telling all they had seen and heard!]

Leader

Now let us think of that person whom we need to reach out to. Let us write his or her name on a piece of paper. Let us all pray for him or her:

All

Lord, here are the people you love as your children, and who are in pain, thirsting for you. You send us to them, even as weak as we are. The harvest is rich. There are many good people out there, people just longing to recognize themselves as your chosen ones, your possessions. Lead us to them, Lord, and come with us on this journey.

Leader

I now invite you to look for another person in this group and decide together where you will be going in mission.

We all send each pair on that mission and commit to support and accompany them with our prayers.

All

We will go, Lord, in pairs, into the place of the peripheries where you send us, to seek out those you love, and those who are longing for you in the midst of their pain and confusion, who may have their own blindfolds preventing them from seeing you.

[*Each pair can express where they will be going.*]

Now we say together the *Prayer of Saint Teresa of Avila* on p. 13 and bless each other's eyes, hands, and feet with the Sign of the Cross.

Leader

Lord Jesus, you accompany us in all our journeys, make us now aware that we are your good news, your gospel for others. You send us forth, yet you come with us. Thank you, good Jesus.

Song: "Iglesia en Salida"/"Church on a Mission" (Pedro Rubalcava, Alejandro Aguilera-Titus, Hosffman Ospino) and the Encounter Prayer.

Mission

Choose one of these two actions.

Outline of Missionary Action A

Take the initiative to reach out to someone.

1. Look for the best time to meet the person you have chosen to "reach out to first" this week.
2. Ask simple questions showing interest in the person. Do not start by giving instructions, advice, or talking about doctrine, but by listening intently. The first objective is to join them along their journey and become attuned to their lives.
3. Create a safe space where the person feels confident expressing himself or herself without fear of being judged.
4. Provide some hope or light. Share examples from your own experience.
5. If the person has expressed a need for some concrete help, try to find contacts or resources that could be useful.
6. It might be good to extend an invitation to a parish event or to some celebration in order to get to know the person better.

7. Make sure to stay in touch.

Outline of Missionary Action B

Go into the peripheries.

1. Choose a place to go in pairs to actively observe that particular reality.
2. Find a place where you can observe without disturbing or annoying others.
3. Use all your senses to perceive the reality of the place: the persons who are present, their ages, what they do, how they relate to one another, what type of place it is and how it is taken care of; notice if there are any authorities present, what moods people seem to have, how they are dressed, what type of music they listen to, in which language they communicate, what conversations you hear, what they talk about, and what you perceive in the air.
4. Upon returning home, share with the missionary companion:

   • What you observed, heard, perceived.
   • What you felt and thought while you were actively observing reality.
   • What surprised you or was difficult in observing reality.
   • What new things you learned from this experience.
   • How does it prepare you to interact with those people in a second visit to this place?

Session 2

With Words and Actions: Do It!

Objectives

- Share the mission experiences carried out during the week.
- Share difficult moments and life dreams among group members.
- Experience the power of active listening as a way to get involved and participate in a process of consultation.
- Prepare ourselves for mission with people in the peripheries, especially reaching out to young people

Symbols

Bottles of water, two copies of the Book of the Gospels, per participant.

Preparing the Setting

Before the session, prepare the setting for the small group meeting. Chairs are placed in a circle, and in the middle, an illustration of a path is placed. Place the bottles of water near the path symbolizing our thirst for God and for a fuller life. The ideal is to have a bottle of water for each participant. There should also be a basket with the Books of the Gospels.

Prayer

Song: "Lord, You Have Come" (Cesareo Gabaráin) or "We Belong to You" (Trevor Thomson) and the Encounter Prayer.

Introduction

Welcome and greeting. Each participant is invited to briefly share a moment from his or her missionary experience during the week. The following questions can be used to guide the sharing:

- Whom did you reach out to?
- What peripheries did you visit?
- What did you see and hear?

The session continues with the following reading from the Scriptures (Luke 24:17-20):

[He asked them,] "What are you discussing as you walk along?" They stopped, looking downcast. One of them, named Cleopas, said to him in reply, "Are you the only visitor to Jerusalem who does not know of the things that have taken place there in these days?" And he replied to them, "What sort of things?" They said to him, "The things that happened to Jesus the Nazarene, who was a prophet mighty in deed and word before God and all the people, how our chief priests and rulers both handed him over to a sentence of death and crucified him. But we were hoping that he would be the one to redeem Israel; and besides all this, it is now the third day since this took place. Some women from our group, however, have astounded us: they were at the tomb early in the morning and did not find his body; they came back and reported that they had indeed seen a vision of angels who announced that he was alive."

After a few moments of reflection in silence, a person from the group shares the following reflection on the reading:

To get involved with gestures and actions . . .

In the first session we saw how Jesus took the initiative toward his disciples by joining them along the way to Emmaus. In this second section, we focus on how Jesus gets involved in the life of the disciples asking them about their conversation. This action by Jesus is one of the most surprising in this passage. Jesus knows full well what happened in Jerusalem, and he is very much aware of the difficult situation afflicting his disciples. Why, then, does Jesus ask the disciples what they are talking about along the way, as if he himself did not know the answer? In fact, Jesus asks again, kindly and calmly, saying, "What sort of things?" when the disciples answered sadly and in an incredulous tone: "Are you the only visitor to Jerusalem who does not know of the things that have taken place there in these days?"

This very surprising gesture by Jesus, asking first, and then asking again, is a very important aspect of the methodology of the Encounter process. The encounter with others, particularly with people who are going through difficult moments, must start by asking about their lives, concerns, hopes, ideas, needs, and dreams. This also allows them to speak about their reality from their own perspective, to share their experiences, their feelings, their ideas. To listen deeply creates a space of trust and safety that allows people to quench their thirst and unload their burdens.

Jesus is not interested in scolding the disciples for having abandoned him or for not trusting in his promises. Nor is he interested in reproaching them for not having recognized him. He does not start the conversation by teaching them. Jesus' questions reveal a great human sensitivity as well as his divine wisdom to listen to the suffering of his disciples and to allow them to express their pain, confusion, and astonishment about the events. Jesus knows that his disciples are extremely thirsty in their journey: they thirst for Jesus himself, his message of hope, justice, and freedom, rooted in the love of the living God who draws near to us, listens to our pains, and frees us from our sins; they thirst to be listened to in their pain.

The questions of the stranger invite the disciples to proclaim that Jesus was a powerful prophet in words and deeds before God and before the people. But their own leaders had given him up to be condemned to death, and he was crucified. It is not difficult to imagine the great confusion and pain that the disciples must have felt seeing their priests and officials surrendering a prophet sent by God to his death. The disciples and all of the followers of Jesus expected him to liberate Israel from the Roman oppression and to restore the glory of the Kingdom of Judea. With the death of Jesus, those dreams are demolished, and the disciples sink into hopelessness, with a thirst for justice and freedom that overwhelms them. The Kingdom of God Jesus had announced seemed lost. They are likely to wonder how much longer they will have to wait for the "true Messiah." The disciples express disappointment and probably wonder if it was all worthwhile to follow Jesus all that time. The fact that they are returning to the way they lived before meeting Jesus is a sign of their defeated hopes, because the one who had offered to quench their thirst forever is no longer with them.

See

[*The facilitator of the session invites the group to create a space of trust to share.*]

1. Let us think, for a few moments, about our own personal history, and let us share with one another the challenges and difficulties that have challenged our dreams and aspirations.

[*This sharing can happen in pairs, making sure that, while a person is sharing his or her experience, the other one is listening without judging, without making comments, or giving advice. The person simply listens with all his or her senses and heart.*]

*   Share an experience in which you felt that life difficulties led you to doubt your faith in Jesus.
*   What events or disappointment threatened to take away your hope (forced migration, a death in the family, a betrayed relationship, being the victim of discrimination or of crime, financial difficulties, sicknesses, an addiction in the family, etc.)?
*   Who was by your side? Who questioned you tenderly and knew how to listen? Who lent you a friendly hand without judging you? Who or what helped you to express your pain and restore your hope? Who helped you to quench your thirst?

[*Once participants have offered their thoughts, the facilitator shares with the group the history of the local faith community.*]

2. Give examples of how your faith community, ecclesial movement, or Catholic organization is involved in the peripheries where you live.

Judge

Pope Francis tells us that the disciples of an evangelizing community must be involved with works and gestures in the daily lives of others, particularly of those in difficult situations. Getting involved means narrowing distances, building bridges, and going beyond one's own financial, cultural, educational, or migratory situation in order to reach out to the other. It means owning the suffering of others, taking on their difficulties, even going so far as to humble ourselves, "touching the suffering flesh of Christ in others. Evangelizers thus take on the 'smell of the sheep' and the sheep are willing to hear their voice" (*Evangelii Gaudium*, no. 24).

This call to becoming involved with those who suffer poverty, dispossession, or even discrimination comes from the very heart of the Church. In the document *Encuentro and Mission: A Renewed Pastoral Framework for Hispanic Ministry*, the Catholic bishops of the United States say that the Church's missionary option shows predilection for those who live in situations of poverty, sickness, discrimination, spiritual poverty, and loneliness. And Pope Francis speaks of a cultural and interior poverty so prevalent today, requiring an urgent response from the Church (see *Evangelii Gaudium*, no. 2).

The mission of the Church toward those who suffer—particularly youth, women, and families—demands these two things: works of mercy and a committed struggle against all forms of injustice. All these personal and family situations create hopelessness, confusion, and suffering. Many people who live in these situations perhaps find themselves on the way back to their own Emmaus, that is, to a way of living, thinking, and feeling removed from the Risen Christ, his love, and his promises of life lived to the fullest.

The encounter with the Samaritan woman is another example of how Jesus gets involved and involves a person in need with an entire community (see John 4:4-42). Jesus sits by

the well where the Samaritan goes to procure water. He sits at the place where the life of the Samaritan woman finds its origin (the well is an image of the source of life for the Samaritan). As he asks, "give me a drink," he identifies himself as the source of water of that well. Jesus speaks to the Samaritan woman with familiarity, going far beyond social and cultural prejudices, and he gets involved in her life, quenching the thirst she feels even without knowing it. The text shows how Jesus awakens the interest of the Samaritan woman, helping her to make a transition from everyday concerns to personal ones, and from personal concerns to spiritual ones. In this process, the Samaritan woman experiences her own conversion and becomes a disciple. She cannot contain the joy of "knowing herself loved" and "knowing herself accepted" and she goes to announce to others that she has met someone special. Then she says, "Sir, give me this water, so that I may not be thirsty."

Act

To be involved and to involve others.

How can we get involved in the lives of people in our community and in the peripheries, engaging young people in particular? What kinds of works and gestures should we carry out? In the Emmaus story we see how Jesus asks questions in order to start a conversation. He gradually gets involved in the anxieties and sadness of his disciples. In the case of the Samaritan woman, Jesus meets her by the well and shows interest in her daily life. He also asks questions and understands her need and her thirst for answers to the deep questions that give meaning to life. Jesus helps her to understand the difference between surviving and living to the fullest.

There are millions of young people living in very difficult situations. Also, many of those young people are thirsty for opportunities for a better life: they thirst for tenderness and friendship, a sense of belonging to the Church and to society, the unconditional love of God, and a dignifying and fulfilling project of life. The Encounter process offers a unique opportunity to see these young people not through sociological lenses but with the eyes of the disciple. Such a perspective moves us to get involved in the lives of millions of young women and men who still have not felt the love of the Church and have not had a personal encounter with the living Jesus.

The missionary action in this second week of the Encounter process sends us to places where we can meet young people and get involved in their lives. What are the wells where we can meet them? What questions can we ask them? What can we offer them?

In our daily life, let us show more interest in the regular life of young people in our own families. Let us ask them about what they consider most important in their lives, about their concerns, anxieties, what makes them happy, what they know for sure, their beliefs and doubts, what they expect from God, and the message they wish they would hear from the Church.

In our community, we can get involved with young people who are experiencing major needs in the neighborhood, work, or faith community. Sit down with them to listen and be prepared to offer the services that the parish provides that could meet one of their needs. Another option is to meet with young people in the parish to talk about their needs, aspirations, and contributions to the life of the parish and society.

In the peripheries, let's go in pairs to a "well," that is, to a place where young people normally gather, and engage in dialogue with them.

Celebrate

Song: "We Are the Body of Christ" (Jaime Cortez).

Lord, give us always of your water.

[*Place a bowl with water where everybody can see it. This preferably should be a large, transparent receptacle, allowing the water to be seen. Find some green plants, with leaves showing health and abundance to place around the water. If you can, find some soft music with sounds of water flowing that would invite a spirit of contemplation.*]

Leader

I invite all of you to look at the water. Saint Francis of Assisi called it "Sister Water." The eyes of Francis found in the water various demonstrations of goodness. The water refreshes us, energizes us, cleanses us, and heals us.

All

Praise to you, Lord, for our Sister Water.

Water is docile and adaptable. It can also be terrifying and powerful. It is joy for children and blessing for a worker.

All

Praise to you, Lord, for our Sister Water.

In places where water is scarce, the poor long for water. Water is a blessing from God.

Leader

Praise to you, Lord, for our Sister Water.

Let us keep a moment of silence, lifting up to the Father the concern of our Church about droughts in the world and the images of lands where rainfall is insufficient. The dryness of lakes, rivers, and springs should not be seen just with the eyes but with the heart. Let us in silence ask for the Father´s forgiveness for those moments when we haven't taken care of creation. It is an injustice toward creation but also toward the new generations.

Leader

Lord, our God, you created water to nourish the earth; you have blessed the waters from the creation of the world. When your Son went into the Jordan River, you made your will known, that we listen to your Son, because it is in him that the source of life is found. Embrace your children who journey as part of the Encuentro process, that we renew our baptismal commitment and walk on the path of life with the power of your Spirit to promote justice and peace. Amen.

[*While singing, participants go to the front, and in pairs they sign each other with water and receive a water bottle. They also receive two copies of the Book of the Gospels to give out to people they encounter in their missionary experience.*]

Closing Prayer (Intercessions)

Leader

Lord, you said you are the spring of living water. Whoever drinks the water you give will never thirst. Allow us, in this Encounter process, to quench the ancient thirst to be recognized, to get closer to you as true disciples, and to be refreshed in your friendship.

All

Lord, give us always of your life-giving water.

Lord, you said that no one can go to you unless the Father calls him or her. Through this process of Encounter, cleanse us with your life-giving water from all the dust gathered on the paths we have traveled and free us from all forms of slavery and guilt.

All

Lord, give us always of your life-giving water.

Lord, who in your passion experienced thirst, free those who in their thirst drank water from false wells, and return them to your fold through the missionary action of your faithful.

All

Lord, give us always of your life-giving water.

Lord, you said that no one took your life from you, because you surrendered it freely. We want to drink from your open side and take that living water to our sisters and brothers who remain in the peripheries, and to those whose strength is spent in the ways of the world.

All

Lord, give us always of your life-giving water.

Leader

We praise you, Father, who give water to your Church to make the fields of your reign fruitful. We thank you for making us one in Christ through Baptism and renewing the opportunities for us to return to true life. Lord, send your life-giving waters to our homes, where you call us to be missionaries so that the seeds we plant in your name may grow into an abundant harvest in our children, our families, our communities, and in all of creation. Through Christ, our Lord. Amen.

Song: "Go Out to the World" (Jaime Cortez) and the Encounter Prayer.

Mission

Instructions to get involved:

1. Choose one person of the group with whom to go in missionary action in pairs.
2. Decide where you will go to get involved. It is recommended for the different pairs in the group to go to different places: a square, a store, a park, a detention center, a cafeteria, a place of work, etc.
3. Once you are in the place of mission, you can initiate the dialogue in a spontaneous way, or by introducing yourselves and asking for permission to converse. At the end of the dialogue, offer a sign of peace (e.g., a word, a gesture) to the person or persons with whom you spoke. You can give them a Book of the Gospels.

Key Questions

*   What is most important in your life?
*   What are your concerns?
*   What makes you happy?
*   What are your dreams?
*   What obstacles prevent you from achieving them?
*   What are you most certain about?
*   What do you expect from God?
*   What do you expect from the Catholic Church?
*   What do you offer to others, to society?

Session 3

Walking Together with Jesus

Objectives

- Share about the missionary experience following the previous session.
- Use the Scriptures to interpret life and inspire hope.
- Learn more about the spirituality of accompaniment.
- Prepare for missionary action with emphasis on the *kerygma*.

Symbols

Bible and two Encounter wristbands per participant.

Preparing the Setting

Before starting the session, prepare the place where the small group will meet. Arrange the chairs in a circle and place the image of a path in the center. On a table, place some candles, flowers, and a copy of the Bible, the

Word of Life that gives meaning to our lives. Prepare incense if possible. Prepare a small basket with the Encounter wristbands, which are signs of our journeying in friendship with Jesus and those who walk together with us in life. Each participant will receive a wristband during the prayer at the end of the session.

Prayer

Song: "The People Walk" (Juan A. Espinosa) and the Prayer of the Encounter.

Introduction

This third session of the Encounter process goes deeper into the meaning of Christian accompaniment. It emphasizes the importance of walking with Jesus to feel his friendship, listen to his word, and understand our lives in light of his promises of full and eternal life. Walking with Jesus leads us to say to him at the end of the journey: "Stay with us."

The session starts with the following reading from the Scriptures (Luke 24:25-29):

> And he said to them, "Oh, how foolish you are! How slow of heart to believe all that the prophets spoke! Was it not necessary that the Messiah should suffer these things and enter into his glory?" Then beginning with Moses and all the prophets, he interpreted to them what referred to him in all the scriptures. As they approached the village to which they were going, he gave the impression that he was going on farther. But they urged him, "Stay

with us, for it is nearly evening and the day is almost over." So he went in to stay with them.

After a few moments of reflection in silence, a person from the group shares the following reflection on the reading:

Accompanying, walking together with Jesus . . . Jesus' action in this passage seems quite natural for a teacher: he teaches. What makes it surprising is the way he chooses to teach. Jesus does not start the conversation with his disciples by teaching them. Most likely, the disciples would have felt very uncomfortable and even annoyed by the intrusion of a stranger coming to teach them at a time of sorrow and confusion. That is why Jesus first asks and listens to what the disciples have to say about their own reality, about their way of interpreting the events, which allows them to unburden their hearts and minds on the stranger who joined them along the way. This unburdening makes it possible for the disciples to be ready to listen to what the stranger has to say, since the stranger has listened to them. There is no doubt that Jesus' listening attitude helps to create a bond of trust with the disciples. This trust will be evident later, when the disciples decide to invite the stranger to stay with them in order to continue the conversation.

Jesus chooses the most appropriate moment to share with the disciples a very different interpretation of what happened in Jerusalem in the preceding days. He also chooses a kind, yet direct way to bring the disciples out of their obsession and pain when he says:

"Oh, how foolish you are! How slow of heart to believe all that the prophets spoke! Was it not necessary that the Messiah should suffer those things and enter into his glory?" And he proceeds to interpret what the Scriptures said about him, starting with Moses and continuing with all the prophets.

The power of the Word and its interpretation from the perspective of the promise of the Resurrection gradually restores the hope of the disciples as they walk. It prepares them to recognize the Risen Jesus in the stranger that accompanies them and speaks to them. When the disciples arrive at the place where they will stay, Jesus gestures as if he would continue along his way, but the disciples tell him that it is getting late and invite him to stay with them. This gesture by Jesus, giving the impression of continuing on his way, shows that the stranger does not want to impose himself on the disciples or force them to continue the conversation. Jesus gives them the opportunity to continue the dialogue or say goodbye. The disciples take the initiative to continue in the company of the stranger, and they invite him in with the beautiful words: "Stay with us." This gesture by the disciples of concern for a stranger after a long and difficult day is welcomed by Jesus. Jesus accepts the invitation to remain with them, and in this way, he prepares the stage for a moment of closeness and trust at the table.

With his way of teaching, Jesus models for us the importance of communicating with gestures and messages that awaken hope. This implies expressing a deep respect for the people we meet along our way, since they are also on a personal journey of faith. At the same time, it is our turn to share God's Word and the wisdom of the Holy Spirit in the Church, so they can understand, see, and feel their reality from the perspective of faith in the Risen Christ and the promises of his reign of justice, love, and truth.

See

[*The facilitator invites the participants to get ready to share in light of their own experience and to listen with an attentive heart.*

This sharing can happen in pairs, making sure that while a person is sharing his or her experience the other one is listening without judging, without making comments, or giving advice. The person simply listens with all his or her senses and heart.]

1.   Let us consider some moments in our lives when we have felt accompanied by someone. Let us also think of some words from the Bible that give us hope and have helped us to understand a difficult moment in our life in a different way.

Share an experience when someone welcomed you generously in his or her home or family.

- How did you feel being welcomed and accompanied?
- What changes did that person or family make in their own lives to welcome you?
- What words from the Bible have helped you during difficult times in your life?
- Why is it important for Christians to practice hospitality?

2.   At the same time, we know that there are many people around us who are alone and who are frequently rejected because of their social status, the color of their skin, cultural differences, or their migratory status.

- Have you ever felt rejected?
- How deep was the wound of that rejection?
- How did God become present at that moment?

[*Once participants have offered their thoughts, the facilitator shares with the group the historical memory of the local faith community.*]

Questions for Participants

- Is there a ministry or group in your faith community that was created to specifically accompany Catholics in the peripheries? Share a few details about its origin and what it does.
- What type of ministries or initiatives would you like to see arise from the Encounter process in order to better accompany Catholics in your parish and in the diocese?

Judge

One of the deepest convictions we hold as Christians is that God accompanies us. God walks with us every day, in joyful moments and in difficult ones. It is possible to imagine, as many people do, that God created the world and left it to its own devices. When we experience suffering, violence, difficulties, rejection, abandonment, misunderstanding, and even the harsh reality of death, it is tempting to think that God is not with us. Jesus Christ, the Son of God, however, clearly revealed to us that it is especially during those difficult moments that God is with us. God does not abandon the poor, the immigrant, the sick, the imprisoned, the person who feels lonely, nor does he abandon one who struggles with serious sin. God accompanies us with the power of the Word, sustaining us. God accompanies us in the sacraments, strengthening us with his divine grace. And it is in the Eucharist most of all that we discover that the Lord is with us, closer than anyone else could be. In the Sacrament of Reconciliation we are truly forgiven by God.

Among the most tender experiences through which we experience God's accompaniment is in our relationship with Mary. She said yes to God, and the Word became flesh in her. Now Mary accompanies us as the first missionary disciple, inviting us to say yes as she did one day in Nazareth. At the time of the conquest, when the European and the indigenous cultures met on the American continent, division and violence were everywhere. Many people were suffering. Mary, in her advocation as Our Lady of Guadalupe, became part of this history with her apparitions as a mestizo woman, affirming the dignity of the people who suffered. Mary of Guadalupe became a sign of hope and unity. Today, the devotion to Our Lady of Guadalupe is one of the strongest popular devotions among Catholics in the United States.

In the Apostolic Exhortation *The Joy of the Gospel*, Pope Francis offers Mary to us as a model of accompaniment: "Mary is able to recognize the traces of God's Spirit in events great and small. She constantly contemplates the mystery of God in our world, in human history and in our daily lives. She is the woman of prayer and work in Nazareth, and she is also Our Lady of Help, who sets out from her town 'with haste' (Lk 1:39) to be of service to others. This interplay of justice and tenderness, of contemplation and concern for others, is what makes the ecclesial community look to Mary as a model of evangelization" (no. 288).

At this historical juncture, we are invited to reach out like Mary, to set out in haste to be with others and accompany them. In a special way, we are invited to set out in haste to be with the many young people who are drifting away from the Church and who, for many reasons, need someone to listen to them and give them witness of the tender love of God. We are invited to set out in haste to be with the families, many of whom face challenges to remain united. These are the families who are bringing new hope to thousands of Catholic communities throughout the country. A Church that reaches out in the United States is a Church that accompanies the family. In the words of Pope Francis, the Church "wishes, with humility and compassion, to reach out to families and 'to help each family to discover the best way to overcome any obstacles it encounters'" (*Amoris Laetitia*, no. 200).

A missionary disciple who accompanies others must follow the examples of Jesus and Mary. He or she must be able to discern the presence of God in ordinary life, make the decision to go out to the peripheries, walk with others in the style of Jesus, act with justice and tenderness, and reach out to others.

Act

Accompanying all.

The passage of Luke at the beginning of this session portrays in detail the meaning of accompaniment and the pastoral sensitivity we must have to propose to others the novelty of the Gospel, without distinction of races or cultures. There are many places and many areas of ministry demanding this special accompaniment, as is the case of ministry with young people and families.

When the Apostles began to preach the Good News, they first focused on the Jews who accepted Jesus as the Messiah. They, however, soon discovered that it was necessary to open up the tent. The Acts of the Apostles (10:22-27) tells us the story of the centurion Cornelius, who was not a Jew, but received the Holy Spirit, accepted Jesus Christ, and was baptized together with his entire family. By accompanying them in this very important process, Peter makes it possible for Cornelius and his family to now belong to the Church. Humanity is represented by Cornelius.

- How important is it for us to share the Gospel with people who are not like us, who do not speak our language nor share our cultural traditions?
- Is it possible that our pastoral activity may have become self-referential?

The mission of the Church is to preach the Good News to all. And, as St. Paul reminds us, in order to hear the Good News, someone has to announce and preach it. Our Church is increasingly more diverse with a great number of cultural families that want to hear the Gospel. Therefore, all pastoral agents have the responsibility to accompany all Catholics in the best way possible, so they become authentic missionary disciples of the Lord. At the same time, the faithful have the responsibility to accompany the rest of the Catholic population in the United States, both in our faith communities and on the peripheries, so that they can also become missionary disciples of the Lord.

- What type of ministry is needed in the midst of today's culturally diverse environment in the Church?
- What type of change (or pastoral conversion) needs to happen so that we, as a Church, may accompany all Catholics more fully in their faith experience?

In the process of evangelization, accompaniment means the proclamation of the Resurrection of Jesus and the fulfillment of his promises. The Word of God helps us to understand our own history as part of the history of salvation, and it fills us with joy and hope.

In our daily life . . . Let us go back to that young person in our families, who we identified at the end of the previous session. Let us approach him or her with the desire to accompany him or her. Share with that person something about your own experience. How has God accompanied you in your own life? What biblical passages have inspired you to live with hope and joy? Invite this young person to reflect on the difference it makes to be in relationship with the Lord Jesus. Ask him or her if they want their faith to grow or have any questions about the Church, and what passages from the Bible inspire them and give them hope. Sometimes we encounter persons and even entire families that have never even heard the announcement that this Jesus, who was crucified is risen from the dead, offers us forgiveness, peace, and new hope. As Pope Francis reminds us, when we accompany others in their struggles, at an appropriate moment, the Spirit will prompt us to share with them this Gospel announcement. We should not be afraid to do this (see *Evangelii Gaudium*, no. 164)

In our community . . . let us go back to those young people we identified at the end of the previous session in the neighborhood, the workplace, or in our faith community. Let us approach them with the desire to accompany them and share how God accompanies us in our own lives. Share with them a passage or teaching of the Bible that encourages us and gives us hope. Identify a family that is in need of hearing the Good News and being encouraged on their journey. Look for a way to dialogue with that family, get to know them a little better, share with them the Word of God, and pray with and for them. Speak to them also about your experience in this Encounter process. Share how God has accompanied you in your own life. Invite them to reflect on the difference it makes to come into relationship with the Lord Jesus. Ask them whether

they have questions about the faith or the Church. Invite them to ask.

In the peripheries . . . go back to the place on the peripheries that you visited last time and enter into conversation with the young people you identified last week. See if there is a possibility to meet their families and visit them with a message of welcome and hope. Follow the same model of dialogue and accompaniment suggested for the previous missionary action.

Celebrate

The Word of God is faithful.

Song: "Prayer of St. Francis" (Sebastian Temple).

[*The group gathers and prepares to receive the Word of God. Several candles are lit, and there are flowers.*]

Leader 1

The Word of God comes to us, and to our community, meeting us where we are, in order to lead us to the Lord. This is why we are a pilgrim people, being led by the Word. This message is the same that the Patriarchs, kings, and prophets heard in old times. This message was heard by the early Christians, the desert fathers, the holy men and women of our Church. This message was known by our grandmothers and grandfathers who taught us how to pray. The same message was heard by the pioneers of the Church in the United States of America. The leaders who started ministries also strived to be faithful to this Word.

Leader 2

Let's consider what the Gospel contains (*different voices from among the assembly*):

- The Good News of our salvation
- The stories of how Jesus lived doing good to all
- The testimony of those who saw and touched the Word of Life
- Nourishment, a lamp to guide our feet
- Safe pathway
- Purification, healing, and renewal
- Spirit and life, words of eternal life

Leader 1

This message comes to us today surrounded by light, brought in with joy and an outpouring of refreshing water. Let us welcome the Good News of our Lord Jesus Christ!

[*Participants welcome a procession with the Bible. The person carrying the book lifts it up.*]

I invite you to receive the Word of God. Honor it. With incense, let us lift up our prayer that the Encounter process may allow us to grow as disciples who listen to the Good News.

[*Song. The procession enters slowly with lights, incense (when possible), flowers, and the Bible, which is placed open on a small table prepared in advance.*]

Leader 2

Sisters and brothers, we walk as part of the Encounter journey with the conviction that

a light will guide us on our way. This Word has remained always faithful. It is not "yes" today and "no" tomorrow. It is the true Word that brings consolation and hope, a flame that purifies and consumes.

Come forward asking for the grace to be faithful. Let us kiss this holy book with devotion and take two wristbands that will remind us of God's faithfulness. Let us be encouraged to participate in God's own mission, as we bring the Good News to our sisters and brothers.

[*All come forward singing, kiss the Bible, and take two wristbands, one for themselves and one for the family they want to reach out to.*]

Closing Prayer

God of life and wisdom, you are always faithful to your promises and bring your plans to fulfillment. Walk with us in this Encounter process, so that at each step we may find your message of love and tenderness. We ask you this through our Lord Jesus Christ, who is the living face of your mercy and has given us your Holy Spirit to keep us faithful to you, and lives and reigns with you forever and ever. Amen.

Song: "Go and Teach" (Cesáreo Gabaráin) and the Encounter Prayer.

Mission

1. Invite one person from your group to join you in missionary action this week.
2. Decide which family living on the peripheries you plan to visit.

3. Start the dialogue by introducing yourselves, offering a greeting of welcome and peace, and identifying the parish, ecclesial movement, or Catholic organization to which you belong.

4. Get to know the family a little better by using last week's questions proposed for the missionary action to get involved.

5. Share your testimony of how God accompanies you in your own life. Use examples based on the seven gifts of the Holy Spirit described below: wisdom, understanding, counsel, fortitude, knowledge, piety, and fear of God.

6. Give witness of how God accompanies you in your life:
   - At the time of contemplating the Mystery of God . . . Wisdom
   - At the time of understanding the teachings of the Church more clearly . . . Understanding
   - At the time of distinguishing and choosing good in our daily lives . . . Counsel
   - At the time when courage is needed to overcome difficulties . . . Fortitude
   - At the time of knowing and caring for the created order as a gift from God . . . Knowledge
   - At the time of experiencing God's presence and feeling God's infinite tenderness . . . Piety
   - At the time of fearing to be separated from God and resisting evil . . . Fear of God

7. Continue the dialogue. Invite them to share. Have they ever experienced God's presence in similar situations? At the end of your visit, pray for that family, offer them an Encuentro wristband and say goodbye, wishing them peace.

Session 4

Bearing Fruits of New Life

Objectives

- Share the personal and communal fruits gathered during the past three weeks.
- Identify the fruits that remain to be cultivated in the faith community and the neighborhood where the parish is located.
- Reflect about the fruits of the Holy Spirit and their transformational power.
- Prepare for missionary action this week.

Symbols

Candles (light), Bread (shared).

Preparing the Setting

Before starting the session, prepare the space where the small group will meet. Arrange the chairs in a circle and place the image of a path in the center. Near that image, place a large lit candle symbolizing the presence of Jesus and a basket with some bread to be shared. There should be a tea light for each participant to be distributed during the final prayer.

Prayer

Song: "Ardía Nuestro Corazón"/"Our Hearts Burned Within Us" (Pedro Rubalcava) and the Encuentro Prayer.

Introduction

Welcome to the fourth session of the Encounter process. In this session we will share about the fruits that our missionary action has produced since we started the process of the Encounter. We will reflect particularly about the fruits of friendship, joy, the Eucharist, and mission.

The session starts with the following reading from the Scriptures (Luke 24:29-33a):

> "Stay with us, for it is nearly evening and the day is almost over." So he went in to stay with them. And it happened that, while he was with them at table, he took bread, said the blessing, broke it, and gave it to them. With that their eyes were opened and they recognized him, but he vanished from their sight. Then they said to each other, "Were not our hearts burning [within us] while he spoke to us on the way and opened the scriptures to us?" So they set out at once and returned to Jerusalem.

After a few moments of reflection in silence, a person from the group shares the following reflection on the reading:

Giving fruits of new life . . .

In this biblical passage, the disciples make a decision—they invite a stranger that they had gotten to know as trustworthy in the course of their journey. We all know from experience that as human beings we feel more comfortable with people who are from our community, share our beliefs, customs, traditions, and values. It is also very human to feel suspicious or to assume a defensive attitude when we find ourselves facing someone from a different culture or nationality. This lack of trust and even fear of a stranger was even greater for the Jewish people, who had suffered so much at the hands of other nations, including the Romans, who had dominated their lives with taxes and unjust burdens. Mindful about our human nature, the Scriptures offer many references about treating the stranger well, being hospitable, and not harming others. After all, the Hebrew people were strangers in Egypt.

There is no doubt that the disciples on the way to Emmaus saw something in that stranger that inspired trust. Perhaps it was the way this stranger walks near them; the way he asks about their conversation; the way he kindly, yet directly, addresses their misreading of the events; the way he interprets the Scriptures; the way he signals that he is continuing on. Perhaps it was all these gestures of intimacy and tenderness that created trust between the stranger and the disciples, that generated a familiarity that would conclude in the breaking of the bread while sitting at table.

The fact that Jesus accepts the invitation to stay with the disciples, even when they do not recognize him, teaches us to gratefully welcome the trust and care that people extend to us when they invite us into their homes to eat with them, to continue the conversation that began during a catechetical session, the celebration of a sacrament, or the particular instance when we met them. Such encounters are invitations to have a more intimate experience of faith, sharing bread, and building a friendship in his name, so that the Risen Jesus can become present through us.

This is the moment that Jesus most likely anticipated when he came to his disciples and joined them along the way to Emmaus. Jesus is finally with his disciples in a safe space, a place of trust around a table, and ready to share. It has been a long and intense day, but they are now more relaxed and ready to quench their thirst and eat something before going to sleep. The disciples expected to continue the conversation with the stranger. It is in the gesture of breaking and sharing the bread that the grace of Jesus' walking with them comes to fruition. The eyes of the disciples are opened, and they recognize the Risen Jesus. Now, the "confused travelers on the road to Emmaus" are filled with joy and hope and are recommissioned as disciples and missionaries. They immediately return to Jerusalem to share the good news of the Gospel of the Risen Jesus.

Our pastoral work gives us many opportunities to accompany so many people in our community of faith and in the peripheries. This accompaniment is a work of the Lord's grace prompting us, which generates fruits of friendship, joy, hospitality, solidarity, and hope. The grace of the Risen One accompanies us as we accompany others, and leads to personal and pastoral conversion, as we have seen in the passage of Emmaus.

See

[*The facilitator invites the participants to get ready to share in light of their own experience and to listen with an attentive heart.*

This sharing can happen in pairs, making sure that while a person is sharing his or her experience, the other is listening without judging, without making comments, or giving advice. The person simply listens with all his or her senses and heart.]

1.

Let us consider for a moment how our intimate relationship with the Lord Jesus has been the source of many fruits that make it possible for us to give witness as missionary disciples today.

What are the spaces or moments when you feel closest to God and to his Son, Jesus Christ? Describe briefly one of those spaces and moments.

- How do you feel?
- What do you discover about God?
- What do you discover about yourself?

- What do you discover about others?
- How do these spaces or moments motivate you to live your faith in a more committed way?
- How are you changed/transformed after this personal encounter with Jesus?

If someone asked you to identify one or two characteristics that define your identity as a Catholic, what would you say? What would you say is a characteristic that identifies your faith community as truly Christian? Why did you choose those particular characteristics?

[*Once participants have offered their thoughts, the facilitator shares with the group from the historical memory of the local faith community.*]

2.

Questions for Participants

- What do you think is the most notable contribution of immigrants to the Church in the United States?
- In what areas of U.S. society do you think the faith of Catholics has most influence?
- What challenges do those on the peripheries face, particularly young people, in order to preserve their religious and cultural identity in the United States?

Judge

We were created for the glory of God. And the nature of God is love, relationship. It is when we place ourselves at the service of others that these gifts become fruitful and begin to affect others. In this way we give witness as disciples of Jesus Christ in our lives. The Word of Jesus frees us and guides us with his life and presence among us, through the Holy Spirit, in order for us to know and liberate the love of God to be given to others. In this way, we know God's love for us, while loving our neighbors with freedom. God nourishes the Church and the world with the gifts he has entrusted us with. When we allow these gifts to be used for others, through our attitudes and behaviors, and our words and actions, then we can actually see how Jesus is present in our own lives.

We Christians share in the conviction that the presence of the Holy Spirit produces evident fruits in our lives. We frequently speak of 12 fruits of the Holy Spirit: charity, joy, peace, patience, gentleness, kindness, goodness, generosity, faithfulness, modesty, self-control, and chastity.

Pope Francis reminds us that a missionary disciple of Jesus, "finds a way to let the word take flesh in a particular situation and bear fruits of new life, however imperfect or incomplete these may appear. The disciple is ready to put his or her whole life on the line, even to accepting martyrdom, in bearing witness to Jesus Christ, yet the goal is not to make enemies but to see God's word accepted and its capacity for liberation and renewal revealed" (*Evangelii Gaudium*, no. 24).

A tree is known by its fruit! If Christ is in the midst of our communities, we will be a reflection and continuation of his saving work and his healing presence. As he did back then with the disciples of Emmaus, he breaks the Eucharistic bread with us. At the same time, as he did with the hungry crowds gathered around him (see Jn 6:5-13), he leaves for the poor the bread that nourishes the body. Our encounter with Christ at the table of the Word and at the table of the Eucharist becomes real, as we open ourselves to the encounter with Christ in those who are poor and most in need among us, and those who live on the peripheries of society.

God accompanies us throughout our lives. We experience God's presence visibly and unmistakably through our Baptism, through the other sacraments, and the many expressions of popular Catholic piety of our people. We feel God's presence when we generously share our time, talents, treasure, and love with others; when we forgive and are reconciled with someone who has trespassed against us; when we practice mercy and compassion toward those who need our presence, help, and encouragement; and when we share our material goods, open the doors of our homes, visit the sick and the imprisoned, are present and console those who suffer; and when we share with words and actions the Good News of Jesus Christ with those who do not know it.

- What fruits have grown in me as a result of my relationship with Jesus? With whom do I share those fruits?
- What fruits am I bearing in my ordinary life as a missionary disciple in my family, in the parish community, and in society?
- God works in the community through each one of us: How am I allowing the

Good News of Jesus Christ to become part of me, and how do I share it with others?

Act

Jesus' words are very clear: "By their fruits you will know them" (Mt 7:16). Christian witness cannot remain limited to words only, or mere good intentions. We need to act. It is urgent for our Christian commitment to become real through specific actions that translate into fruits of new life. The fruits that emerge from our Christian commitment confirm that the Holy Spirit continues to work in our lives and in our communities. These fruits are born of our intimate union with the Lord: "I am the vine; you are the branches. Whoever remains in me and I in him will bear much fruit, because without me you can do nothing" (Jn 15:5).

According to the Christian tradition, one of the most concrete ways to bring to life the fruits of our relationship with Jesus Christ as his disciples is to live in full solidarity with Christ in those who are poor and those most in need: "Come, you who are blessed by my Father. Inherit the kingdom prepared for you from the foundation of the world. For I was hungry and you gave me food, I was thirsty and you gave me drink, a stranger and you welcomed me, naked and you clothed me, ill and you cared for me, in prison and you visited me" (Mt 25:34-36).

The preferential option for the poor and the most vulnerable has been a constant theme in the teachings of the Catholic Church. It still is today! In a world increasingly polarized by injustices and social inequality, today, more than ever, we are called, as truly missionary disciples in the United States, to be a prophetic voice and to act concretely on behalf of unborn children, immigrants, refugees, victims of human trafficking, workers who are exploited under different circumstances, people who are discriminated against, people who live in conditions of extreme poverty in rural and urban areas, families experiencing difficulties staying together, people who suffer the direct consequences of climate change, and many other sisters and brothers who are the face of Christ and thirst for someone to accompany them.

Where do we begin? Return to the young person or family you identified at the beginning of this Encounter process, with whom you were involved and whom you decided to accompany. Invite them to join you to:

1. Celebrate the Eucharist in your parish or local community.
2. Observe how your parish or community serves the poor and most vulnerable.
3. Consider the possibility of joining a parish or community group.
4. Be a prophetic voice and act concretely to bear fruit.
5. Go to a periphery, where there are people who are far away from the Church or who are experiencing a major need for someone to listen to them, and get involved in their lives and accompany them.

During this week, make a missionary commitment to go out into the peripheries of local and global society.

Celebrate

Lord, your light is forever, your bread nourishes us.

Song: "Un Pueblo en Marcha"/"A Church on a Mission" (Silvio Cuéllar) or "Christ Be Our Light" (Bernadette Farrell).

[*A candle is placed high and should visibly light the room. Below it is a basket with enough bread for all participants. Give each participant their individual candle.*]

Closing Prayer

Leader 1

The first Christians gathered on the eve of Sunday, the day of the Lord. The leader of the community would light a candle remembering Christ, who is the Light of the World, and sing hymns. Each baptized member of the community took their light from that candle. This celebration was called the *Lucernarium*. Let us also recall the evening meal at the home of the disciples in Emmaus and begin our prayer, saying:

All

Stay with us, Lord; it is getting dark and we cannot see.

[*The main candle is lit.*]

Leader 2

Darkness has no power. If we lose electricity at night, we worry that we might be disoriented, fall, or may break something. A small light is enough to restore our trust.

Thousands of our sisters and brothers, and sometimes we, too, are in darkness and need light. A glimpse of the light of Christ in their hearts would be enough to restore courage and life.

We must say over and over: darkness need not have power, neither do the works of darkness. Injustice need not have power. We just need the courage to defeat them. Lies have no power. We just need a spark of truth to conquer them. Let us pray for all who live away from the light.

God of light, draw closer to us, when we move away from love: may we move past our own peripheries.

R/. May the light of Christ shine.

God of light, instruct us when we are in error: may we recognize the way of truth.

R/. May the light of Christ shine.

God of light, raise us whenever we fall into vice: may our health be restored.

R/. May the light of Christ shine.

God of light, free the prisoners: so they may return to life.

R/. May the light of Christ shine.

God of light, strengthen us when we are weak and lack courage: may we be nourished by the Gospel.

R/. May the light of Christ shine.

God of light, affirm anyone who feels rejected and misunderstood: may their dignity be restored.

R/. May the light of Christ shine.

God of light, rekindle the fire when we are lukewarm: that we may bear abundant fruit through works.

R/. May the light of Christ shine.

Leader 1

On the day of my baptism, Lord, you gave me the gift of your wonderful light; you led us out of the darkness and called us by name to be a light to the world.

All

Here we are, gathered in your name. We are your missionary disciples. Send us to be your light.

[*Song. Participants come forward to light their individual candles.*]

Leader 2

Jesus, we know by faith that you walk with us. You do not need our hospitality, and yet you give us your friendship, when we invite you into our humble homes.

All

Stay with us, Lord, and bless our table.

Leader 1

Lord Jesus, we walk with you without knowing you are the Bread of Life come down from heaven, the bread that nourishes and restores the strength of those who are overwhelmed by the journey of life. You are bread that gives itself, bread broken as an offering of solidarity, and bread shared in sincere hope.

All

Lord, give us of your bread to work together for the fruits of light: peace, justice, and truth.

[*Leader says*: As a community of faith, we celebrate the Mass, which brings to us the real presence of Christ as the Bread of Life. In our daily lives, we share another type of bread, the bread of solidarity and hospitality, and the bread broken with the poor. That reminds us we are part of a community. We are not celebrating the Eucharist here but sharing bread as a symbol of our union.]

[The bread is broken and shared among all present.]

Leader 2

Lord, grant that all who are part of the process of Encounter work for justice and hear your voice in the lament of the poor. May your light open our eyes to recognize the unmistakable gestures of a friend. May the Eucharist nourish us to be hospitable to others and face adversity with strength.

All

We want to be a Church that goes forth. We want to be a missionary Church. We want to bear abundant fruit.

Leader 1

Christ, perfect image of God the Father, just as your disciples recognized you in the breaking of the bread, you recognize us whenever we are able to share our bread with the hungry, our clothes with the naked, our home with the stranger, or our presence with the sick and the imprisoned. May we one day hear our names being called as you welcome us into your presence: "Come, you who are blessed by my Father. Inherit the kingdom prepared for you from the foundation of the world." The deepest yearning of our hearts is that you find abundant fruits in our lives and that this harvest be celebrated in union with the Father and your Holy Spirit, forever and ever.

All

Amen.

Song: Lord, I Say "Yes" (Jaime Cortez) and the Encounter Prayer.

Mission

During this week, let us make a missionary commitment to go to the peripheries of our local or global society. What can we do to make our missionary action real? Here are some practical suggestions:

- Visit a nursing home or a prison, a hospital, someone who is sick and homebound, a family of farmworkers, or a young adult who lives alone.
- Feed the hungry and live in global solidarity through Catholic Relief Services (CRS) Rice Bowl: *http://crsricebowl.org/solidarity*.
- Explore in more detail some of social services efforts, provided in the face adversity, by the Catholic Church in the United States:
  - Communities of Salt and Light: *http://www.wearesaltandlight.org*
  - Catholic Charities: *https://catholiccharitiesusa.org*
  - Catholic Campaign for Human Development (CCHD): *http://www.usccb.org/about/catholic-campaign-for-human-development*
  - Justice for Immigrants: *http://www.justiceforimmigrants.org*
  - USCCB Pro-Life Activities: *www.usccb.org/prolife*
  - Catholic Legal Network/Clinic: *https://cliniclegal.org*
  - Catholic Climate Covenant: *http://www.catholicclimatecovenant.org/*

- Visit the website of your (arch) diocese or the United States Conference of Catholic Bishops (*http://www.usccb.org*), in order to learn about projects at the local and national level to protect life, fight poverty, educate new generations, confront human trafficking, etc.

Session 5

Celebrating the Joy of Being Missionary Disciples

Objectives

- Share the wisdom learned from the missionary experience during the previous week.
- Celebrate an important event in the life of each member of the small group.
- Reflect on the importance of celebrating great and small events in life with gratitude and joy.
- Prepare for the fifth missionary action, with emphasis on celebrating.

Symbol

The Encounter Cross.

Preparing the Setting

Before starting the session, prepare the place where the small group will meet. Arrange the chairs in a circle, and place the image of a path in the center. Near that image, place a candle and an open Bible. Prepare a white paper cross for each participant as well as tape. Prepare a basket with the crosses of the Encounter process to be distributed among all members of the small group during the final prayer. For the prayer, you will need a large cross and a wreath with flowers or something similar.

Prayer

Song: "Come as We Journey" (Juan Antonio Espinosa) and the Encounter Prayer.

Introduction

Welcome to this fifth and final session of the process of the Encounter process. We have walked together as a small group and now have become a small missionary community. Our focus today is to celebrate with gratitude and joy the achievements and worthy moments of our lives, big and small. In this session we are sent once again to reach out to those who are most in need. We also begin the process of preparation to celebrate our Parish Encounter.

The session starts with the following reading from the Scriptures (Luke 24:32-35):

> "Were not our hearts burning [within us] while he spoke to us on the way and opened the scriptures to us?" So they set out at once and returned to Jerusalem where they found gathered together the eleven and those with them who were saying, "The Lord has truly been raised and has appeared

to Simon!" Then the two recounted what had taken place on the way and how he was made known to them in the breaking of the bread.

After a few moments of reflection in silence, a person from the group shares the following reflection on the reading:

Celebrating the joy of being missionary disciples . . .

The last thing Jesus does in this passage is to vanish from the sight of the disciples shortly after they recognized him. However, the passage shows the disciples excited and ready to be missionary disciples once again. The disciples are full of joy because they recognized Jesus. Their eyes and hearts are open to the truth of the Resurrection. The certainty that Jesus is alive leads them to realize that Jesus has been with them practically the entire day, and they are not surprised or disturbed when he vanishes. On the contrary, the disciples remain joyful and share with one another how they felt along the way while the stranger was interpreting the Scriptures. With astonishment, they exclaim: "Were not our hearts burning . . .?" This confirms that their faith was rekindled by first hearing the Word of God. This experience of conversion touches the minds and hearts of the disciples and prepares them to recognize the Risen Jesus in the breaking of the bread. It especially prepares them to understand that they, with the entire community of disciples, constitute, from this moment, the Body of Christ, the Church in the world.

Jesus has been with them practically the entire afternoon. It took about two or three hours to walk the distance between Jerusalem and Emmaus. What else could Jesus do to give example and to teach his disciples everything they need to know and do in order to carry out their mission? Jesus vanishes from their sight at the exact moment when his disciples no longer need to see him to believe that he is risen. He does not need to explain the Scriptures again or tell them how to resume their mission of announcing the Good News, or what to do at that moment.

By the enduring grace of the presence the Risen Christ in their midst, they are entrusted with making decisions in the future, starting with their immediate return to Jerusalem. Jesus knows that this encounter, this intimate moment in which they recognize him, will lead them to conversion, to build the community of disciples, to live in solidarity with one another, and to embrace permanently the mission of proclaiming the Good News to all nations, moved by their burning hearts.

This urgent call to be missionaries is what leads the disciples to immediately rise from table and set out on their journey back to Jerusalem. Imagine the difficulties of walking for several hours in the darkness of night on a solitary and potentially dangerous road. The urgency to meet the rest of the disciples to share with them the great news about the Risen Jesus cannot wait until the following day. Their burning hearts light up the road from within them, and their faith in Jesus frees them from fear and any fatigue they may have felt. Any dangers they may face, including the possibility of dying on the way, are now perceived from a very different perspective in light of the promise of the Resurrection.

The lives of these disciples have acquired a new meaning in light of the recent events. The fear, disbelief, doubt, and sadness with which they left Jerusalem only a few hours before have now completely disappeared from their minds and hearts. As they return to Jerusalem, they see with their eyes wide open and are moved by joy (what a great joy!) and hope, overflowing with faith and love for Jesus, for the other disciples, and for the life that has conquered death. The disciples know that they are of now the eyes, the feet, and the hands of Jesus in the world. They are now the strangers reaching out to those without hope on the journey of life, whom they must accompany with closeness and tenderness, sharing the Scriptures with them, accepting their invitation to stay with them, and sharing the bread of love in the Risen Christ.

The return of the disciples to Jerusalem is a great inspiration for our missionary commitment. At the end of the celebration of the Eucharist, we are sent to encounter others on their own life journeys and to accompany them. We do this, just as Jesus did with the disciples of Emmaus and as countless Christian disciples have been doing from generation to generation for nearly two thousand years. This missionary activity implies making a decision to go forth and reach out to others, to accompany them as the missionary disciples of today. It implies living and understanding the mission of the Church, as a community that goes forth, inspired by

a pastoral commitment to the Risen Christ in their midst, whom they are to encounter and accompany. This is the vision of Church that Pope Francis lives and proposes to us in each action, gesture, and message of his life. His secret consists in the deep and free conviction that he, and all the baptized, are the hands and feet of Jesus in the world.

The last scene in this passage shows the disciples of Emmaus sharing with other disciples in Jerusalem the Good News that they have seen the Risen Jesus. Other disciples have also seen Jesus, and there is great joy among all of them. It is important to highlight that the disciples who just arrived from Emmaus, most likely exhausted after a long journey, share specifically that Jesus interpreted the Scriptures for them and that they recognized him in the breaking of the bread. These two realities, Word and Sacrament, are inseparable in the encounter with the living Jesus Christ that leads to conversion, communion, and solidarity within the community of missionary disciples gathered in Jerusalem.

See

[*The facilitator invites participants to get ready to share in light of their experience and to listen with an attentive heart.*

This sharing can happen in pairs, making sure that while a person is sharing his or her experience, the other one is listening without judging, without making comments, or giving advice. The person simply listens with all his or her senses and heart.]

1.

As missionary disciples of Jesus Christ, we recognize that we have received many blessings and now are called to share these with others through our witness. Let us share with enthusiasm the importance of celebrating the wonders that God has done in our lives.

- For what are you grateful to God at this moment in your life? (mention one or two reasons why you are grateful for this)
- How do you celebrate important moments with your family and friends?
- How would you describe the joy you feel when you celebrate an important moment in your life or in the life of someone you love?
- What elements of our Christian faith invite us to celebrate?
- Do you know someone who is experiencing difficulties or sadness? What can you do to share the joy that God has brought to your life with that person and thus accompany him or her?

[Once participants have offered their thoughts, the facilitator shares with the group from the historical memory of the local faith community.]

2.

Questions for Participants
- Do you know a person in your family or in another context that has done something extraordinary and deserves to be

celebrated? Was the accomplishment inspired by their Christian faith?
- What is the most important celebration in your faith community? Describe it. What makes that celebration so special?
- What can your parish or community do to more fully incorporate the ways in which different Catholics celebrate?
- How does your faith community incorporate the expressions of popular devotion and the cultural traditions of different groups?
- What would you recommend to the new generations of Catholics to help them better appreciate these religious and cultural expressions?

Judge

To participate in a celebration is to mark what is important to us as individuals and as a community. It is a profoundly human expression that demands that we be present to one another. It is interesting that the first miraculous sign in Jesus' public ministry took place at a wedding, an event that normally involves music, food and drink, dancing, and much joy.

Pope Francis affirms that "an evangelizing community is filled with joy; it knows how to rejoice always. It celebrates every small victory, every step forward in the work of evangelization. Evangelization with joy becomes beauty in the liturgy, as part of our daily concern to spread goodness. The Church evangelizes and is herself evangelized through the beauty of the liturgy, which is both a celebration of the task of evangelization and the source of her renewed self-giving" (*Evangelii Gaudium*, no. 24).

Our liturgy, as well as the rituals of popular Catholic devotion, recognize the Risen Christ. They also affirm the new life we have received through his Death and Resurrection. Along with the celebration of the Eucharist, Baptism, Matrimony, and the rest of the sacraments, there are many other religious expressions that help us celebrate that God walks with us and has done great things in our lives. These include religious images of Jesus, Mary, and the saints, special celebrations within the liturgical year, such as Advent, Christmas, All Saints' Day, All Souls' Day, Epiphany, Our Lady of Guadalupe, Lent, Easter, etc.

A Christian disciple is grateful for all the good that comes from God, and he or she celebrates. Today we are invited in a special way to be grateful for creation. To celebrate is to recognize that we need God and that we need to give thanks through our encounter with others in a festive way, since God walks with us, in our achievements as well as in our failures. A Church that goes forth is a Church that celebrates that the Lord accompanies it, and because of that presence, it yields many fruits.

The disciples on the road to Emmaus received grace and strength from the mysterious gift of the Risen Christ among them, and he manifested himself fully at the breaking of the bread. The parish Sunday Eucharist is exactly where we as disciples from many cultures and backgrounds receive the grace and strength to go forth to be missionary disciples. In the Sunday Eucharist, Jesus the Lord himself teaches us the Scriptures, enlightens us to recognize his presence, nourishes us by his sacrifice, and sends us forth. It is at the Eucharist that we are formed into the gift we receive, the Body of Christ. The mission he gives us depends at every turn on his grace accompanying us as we move forward.

Reflection Questions:

How can the way I celebrate and respect my neighbor help me be a Christian witness and bear fruit in our society? Do I recognize that Jesus is the reason for which I celebrate? Do I remember the poor and those most in need when I celebrate? Do I seek reconciliation with someone with whom I had a difficulty, before I celebrate?

Act

In this last session of the Encounter process, we reflect on our experience as missionary disciples reaching out to our brothers and sisters. We ask the Holy Spirit to inscribe the Word of God in our minds, our hearts, and our whole being. We also ask to be deeply rooted in the Church, walking in faith, love, and hope with our Holy Father, our bishops, our pastors, and all the saints as we take to heart the great command: "Go, therefore, and make disciples of all nations, baptizing them in the name of the Father, and of the Son, and of the holy Spirit, teaching them to observe all that I have commanded you. And behold, I am with you always, until the end of the age" (Mt 28:18-20).

We are never alone as we go forth into the mission as a community! Christ is always present in an evangelizing community! He does not say "Go" individually, but "Go as a community!" Go without fear and without doubts for Christ will be with us until the end of time!

Doubts may linger in the heart of some lay leaders: Do I have the talents and the capacity to carry out the mission? Should this not be something I need to leave in the hands of people better prepared than me? Should I just share my faith with people from my own parish or ethnic community? No! This is the vocation of everyone who is part of the Church of Christ! The Encounter process is a New Pentecost experience in the life of the faith community, a Pentecost from which no one is to be excluded.

The Spirit moves us to be protagonists in the work of the Church in the United States and beyond. All Catholics have a responsibility to know and sustain, to the best of our ability, the local faith community: parish, movement, etc. At the same time, we are all called to live in solidarity, making a preferential option for the poor and most vulnerable in the world, and to support the evangelizing mission of the Church in all nations.

One way to put our lives in action is by celebrating in simple ways, in the rhythm of our daily routines, the fact that God calls us to be missionary disciples. This week . . .

- Plan a special celebration with your family by preparing a special dinner, going out together, and toasting with your loved ones to acknowledge the blessings from God during the past year, etc.
- Invite your relatives, particularly the young person with whom you shared this Encounter experience, to go to Mass together.
- Invite the group of young people, or the group of people in the peripheries with whom you shared during the past few weeks, out for coffee or tea or snacks, or to share a meal. Invite them to an activity or celebration in the parish—it could be the Parish Encounter. Perhaps they are willing to go to Mass.
- Offer to help in the preparation and celebration of the Parish Encounter.
- Use some of the missionary actions proposed in Session 4 that you might not have done yet.
- Discern, list, and prioritize the things that we can do as a parish to grow in being missionary disciples, and identify areas of priority that need to be addressed at the diocesan level.

Celebrate

With this sign we will conquer!

Song: "O Love of God" (Bob Hurd) or "Every Single Thing We Are" (Jaime Cortez).

[*Place a large cross in a central place visible to all. On a side table, place a wreath with flowers or a similar flower arrangement along with a white cloth. Each participant receives a white paper cross.*]

Closing Prayer

Leader 1

Sisters and brothers: As we conclude our fifth session in this process of Encounter, we are called to contemplate the cross. The Church invites us to venerate the cross, not as an object or as a decoration, but as a symbol of life. The cross is the greatest proof of Jesus's love, his ultimate "yes" to the Father, his seal of love for his people. The crucified Jesus is a bridge between God and humanity that invites us to follow the true way. The Cross leads to life.

Leader 2

We all participate in the mystery of Jesus Christ's Death and Resurrection. Saint Paul repeatedly taught that the Cross sums up the saving work of Christ. The Cross is the Tree of Life that bears fruit of new life through the Resurrection.

Let us write some of the signs of life and resurrection we have discovered as part of our journey together during the past five weeks.

[*Brief silence to write on the paper crosses.*]

Let us now place our crosses on the Cross of Jesus to share in its mystery.

[*Pieces of tape will be provided. While singing, participants paste their paper crosses on the large cross.*]

Leader 1

The first Christian communities reflected on the Cross as the Tree of Life. Adam had lost God's friendship because of the fruit of a tree, but Jesus restores that friendship, bringing us salvation by the forgiveness of our sins through the tree of the Cross. One of the most ancient Christian hymns invites us to contemplate the tree of the cross as the best tree, a tree for which the nails and blood of our Savior were its leaves, flowers, and fruits: "Sweet tree where life begins!"

I invite you to turn your eyes toward this tree in awe. The Cross must fill us with awe. The tenderness and love of God for us was so great. Let us contemplate also the fruits of the efforts of Catholics who have dedicated their lives to proclaiming the Good News in the United States. Their prophetic voices and commitments are a true sign that the Cross of Christ continues to give life.

[*One or two participants place the wreath with flowers and the white cloth on the cross.*]

Leader 1

"To be evangelizers of souls, we need to develop a spiritual taste for being close to people's lives and to discover that this is itself a source of greater joy. Mission is at once a passion for Jesus and a passion for his people. When we stand before Jesus crucified, we see the depth of his love which exalts and sustains us, but at the same time, unless we are blind, we begin to realize that Jesus' gaze, burning with love, expands to embrace all his people. We realize once more that he wants to make use of us to draw closer to his beloved people. He takes us from the midst of his people and he sends us to his people; without this sense of belonging we cannot understand our deepest identity" (*Evangelii Gaudium*, no. 268).

Voices from Among the Assembly

- Lord, we bring to you the life of our families, communities, and friends; let us share with them the fruits of your Cross.
- Lord, we have shared along the way the fire in our hearts with those we have met. May we continue to be witnesses of the mystery of your Cross.
- Lord, you saved us by giving your life for us; by uniting our lives to your Cross, may we be instruments of your salvation in the world.
- Lord, you broke open the Scriptures for the disciples on the road to Emmaus to explain the mystery of your Passion; may your Word be our light on the journey.
- Lord, walking with you has filled our hearts with joy; may your Cross give us the determination to share that joy with others.
- Lord, you turn death and suffering into victory and life; may we be filled with hope and strength, as we go into the world to announce the Good News.
- Lord, on the Cross you embraced all humanity with infinite love; may we be inspired by your Cross to welcome all

Catholics, who are the Church in the United States, into our communities.

All

Stay with us, Lord, and fill us with your light. To walk with you is to rediscover Easter.

Leader 2

Sisters and brothers, before we receive the Encounter Cross, let us make the Sign of the Cross on one another's foreheads, as many generations of Catholics have done, desiring for all the blessings of God.

[*All participants make the Sign of the Cross on the forehead of another person next to them saying,* "Sister/Brother, continue being a faithful missionary disciple of Jesus Christ."]

[*Song begins, as participants move forward and receive an Encounter Cross.*]

Leader 2

We ask you, God, to strengthen us as we continue onto the next stages of the Encounter process. Grant that we may grow in your friendship to be true missionary disciples and thus proclaim the Good News of Jesus Christ with the fire of the Spirit in our hearts. May our commitments reflect the fruits of the Cross and the Resurrection, and may each of our missionary actions glorify you. Listen to our prayer and the prayer of your Church in the United States, through Jesus Christ, your Son, through whom you sent the Holy Spirit to guide our way to you, and who lives and reigns with you forever and ever. Amen.

Song: "Our Joy" (Iván Díaz) and the Encounter Prayer.

Mission

Members go out in pairs again to continue bringing the Good News of Christ to the people they met on the peripheries, since the beginning of the process. They extend an invitation to them to participate in the Parish Encounter. It is recommended that each parish develop a promotional flyer or electronic ad for the parish website to make sure the people invited have the date, time, and location of the Parish Encounter.

Questions for the Parish Pastoral Discernment Team

The following questions could be used by leaders to discern the best pastoral response to this Encounter experience.

Listening to the Voice of the People Living on the Peripheries

1. What are the most significant hopes and dreams expressed by those living on the peripheries?
2. What are the obstacles that prevent those living on the peripheries from reaching their potential in U.S. society?
3. How can the Catholic Church be more present in their life?
4. What gifts and talents do they bring to the Catholic Church and for the common good of society?

Listening to the Voice of the Parish Community

1. To what extent does our faith community offer a space that truly allows all Catholics to feel that they belong, can make decisions and can contribute?
2. What can we do to increase a sense of welcome, belonging, and stewardship among the faithful?
3. How does our faith community accompany young people, both U.S.-born and immigrants, and affirm their experiences and gifts? How can we improve in this area?
4. How does our faith community accompany families, especially those who suffer from poverty, those who are separated by immigration and imprisonment, and those who care for the elderly or the sick?
5. What should we do to foster family ministries that genuinely support families?
6. What does our community of faith do to seek out and accompany Catholics who have left the faith and those who live in at-risk situations? What do we need to change to make them a priority in our evangelizing efforts?
7. What do we currently do in our faith community to promote our leaders and how do we accompany them in their leadership development? What kind of commitments and investments are needed for a greater number of Catholics to discern the vocation to the priesthood, diaconate and religious life, and lay ecclesial ministry, at the service of the entire Church and the common good?
8. What do we currently do as a community of faith, to promote the values and gifts of all Catholics, so that they use them to impact society? What can we do to have a greater impact?

Instructions to Plan the Parish Encounter

The Parish Encounter is an opportunity to:

- Gather members of the different parish groups who participated in the five sessions to share what they experienced in the five weeks of reflection, discernment, and evangelization.
- Reflect together on the Church, and the social and cultural realities that impact the Church.
- Propose practical responses to specific needs in a process of reflection and discernment.
- Undertake concrete commitments to advance the New Evangelization as a whole parish, small communities, and other groups.
- Celebrate through our sharing, prayer, and through the Eucharist.

It is recommended that Parish Encounters be planned as one-day events (about eight hours), ideally concluding with the Eucharistic celebration.

The following is a recommended structure for the Parish Encounter:

- Registration (30 minutes)
- Introduction, welcome, and prayer (1 hour)
- Presentation 1: "Taking the First Step and Getting Involved." A pastoral reflection by the pastoral minister that normally accompanies the faith community. The presentation highlights the blessings of being missionary disciples and identifies some opportunities to evangelize. (30 minutes)
- Break (15 minutes)
- Small group sharing (45 minutes):
    1. Share some of the blessings you have experienced during the five sessions as a missionary disciple in your personal journey and the life of the parish.
    2. Identify what is needed for our community to continue to live out this calling.
- Plenary (30 minutes)
- Lunch (1 hour)
- Presentation 2: "Being Fruitful." A motivational talk by a new leader, who gives a reflection on God's call to evangelize, beginning with their own personal encounter with God, which leads them to share their personal gifts, talents, limitations, and personal journey as a gift to the Church. (30 minutes)
- Small groups: Based on the outcome of the missionary actions, discern, list, and prioritize the things that we can do as a parish to grow in being missionary disciples and identify areas of priority that need to be addressed beyond the parish. (1 hour)
- Break (15 minutes)
- Plenary: Based on the outcome of the questions for pastoral discernment, what needs to move forward at the parish level? Prioritize three to five areas that most need support. (45 minutes)
- Preparation for the Mass (30 minutes)
- "Rejoicing" (1 hour)
- Celebration of the Mass—presided by the pastor

PART III

Resources for the Encounter Process

Methodology and Spirituality of the Encounter Process

The Encounter process follows the evangelizing methodology that Jesus himself teaches us in the biblical passage of the disciples on their way to Emmaus. This methodology also reflects the five movements of a ministry of encounter that Pope Francis presents to the Church in *The Joy of the Gospel*: taking the first step, getting involved, accompanying, giving fruit of new life, celebrating.

Taking the First Step

The first action Jesus carries out is to join his disciples on their walk. With this action, Jesus takes the first step, reaching out to the disciples. Jesus approaches them with deep respect, knowing what it is his disciples think, feel, and do, and seeing it in their own words and gestures. In the process of Encounter, this first step consists of going out, moving past our fear, to meet those on the peripheries in their daily reality, to know their problems, challenges, joys, and dreams. This involves going into their environments, perceiving their reality, observing through the eyes of a disciple, and listening with attention and respect.

Getting Involved

Jesus' second action is surprising. Jesus knows full well what has happened in Jerusalem, and he is very much aware of the difficult situation afflicting his disciples. Why, then, does Jesus ask his disciples what they are talking about along the way, as if he himself did not know the answer? This surprising action by Jesus of asking first is a very important step in the methodology of the Encounter process. The encounter with others, particularly with persons who are going through very difficult moments, must be initiated by asking them about their lives, their concerns, their hopes, their ideas, their needs, their dreams. It means listening deeply and creating a space of trust and safety that allows people to unload their burden and offers the healing balm felt from being heard.

Accompanying

The third action of Jesus seems quite natural for a teacher: to teach. The way Jesus chooses to teach, however, is surprising. Jesus chooses the most appropriate moment to share with the disciples a very different way to interpret what had happened in Jerusalem in the preceding days. Jesus takes the time to explain patiently. In the methodology of the Encounter process, accompanying consists, above all, in creating a relationship of trust, inspired by the promises of the Gospel and a deep respect for the faith journey of others. This respect takes on particular importance in the encounter with young people on their own faith journey. At this critical time in their lives they are actively seeking a personal encounter with Jesus that, if realized, will lead them to conversion and communion in their life as young people, thus giving the Church her young and irreplaceable face.

Giving Fruits of New Life

The Emmaus disciples also accomplish an extraordinary action: they invite a stranger whom they hardly know to stay with them. Another extraordinary aspect of this event is that the stranger accepts the invitation to stay with them, to continue the conversation in an environment of closeness and intimacy, which inspires trust and tenderness and where the disciples feel safe in an environment of trust and friendship. The methodology of the Encounter process recognizes the friendship, closeness, and hospitality in this biblical passage as fruits of missionary action. Just as Jesus did, we must gratefully accept the hospitality extended to us as people invite us into their homes to eat with them, to continue the conversation initiated in catechesis, at the celebration of a sacrament, or on the path where we met them.

Celebrating

This is the moment Jesus anticipated, from the moment he sought out his disciples and joined them on the way to Emmaus. Finally, Jesus is with his disciples in an environment of safety and trust around a table, ready to share. The disciples are overjoyed when they recognize Jesus in the breaking of the bread. The missionary action of the Encounter process offers many opportunities to reach out to others and celebrate with them in a simple way. Each of these intimate encounters allows us to open our eyes, minds, and hearts to the presence of the Living Christ among us, in daily celebrations, and, above all, in the Eucharist. The return of the disciples to Jerusalem is cause of great joy and missionary inspiration for the Encounter process.

Frequently Asked Questions for the Encounter Process

When should the five-session experience begin?

Communities of faith must decide the best time to carry out the experience of the five sessions. The time of Lent and the time of Easter are perfect times to do it. It is good to think about other alternatives, as long as the participants have the opportunity to meet in person, reflect, and carry out the recommended missionary activities.

Does the group need to meet weekly?

Weekly meetings are proven to be effective for small-group interaction. There are five sessions, therefore, the process involves at least five meetings. Because the Encounter process involves missionary activity and discussion about that activity, it is important to allow adequate time between meetings. A weekly meeting would be ideal. However, groups and communities can be creative and flexible. Perhaps a group of Catholics in campus ministry or a group of Catholic school teachers may decide to meet every two weeks; groups formed in the context of prison ministry could meet once a month. Just make sure that you have five meetings and that they are not too far apart from one another.

How large should the groups be?

The ideal size of the groups should be between seven to twelve people. This experience encourages participants to share and contribute as much as possible. Larger groups are possible, yet facilitators must find ways to ensure that all participants have a meaningful experience.

Where should the groups meet?

Wherever possible: parishes, schools, homes, prayer groups, prisons, hospitals, universities, seminaries, offices, fields, parks, etc. Just make sure that your group communicates with the Encounter Parish Team to receive support and share the results of the group experience.

How long should each session last?

The length of the session can vary according to the availability of each small group. It is recommended that on average each group aim for meeting for a period of ninety minutes.

Where do I find the music recommended in the sessions?

Each session will start and end with a song. All suggested songs for the sessions, including lyrics and music, are available on the OCP website: *https://www.ocp.org/en-us/encuentro-musica* and *www.usccb.org/issues-and-action/cultural-diversity*. Consider the specific cultural background of your participants, which could possibly call for songs in a language other than English.

Can we change the songs?

It is recommended to use the proposed songs as much as possible, in order to create a sense of communion and shared identity as part of the Encounter process. It is fine for groups that feel that other similar songs capture the spirit of the sessions to use different songs.

Should children and youth be invited to participate in the five-session experience?

Yes, as long as they can follow the conversation and, ideally, participate in it. Some leaders working with groups of young people and children may decide to adapt the sessions of the guide to better engage these populations. If you do this in your faith or group community, please send these adaptations to *diversity@usccb.org* to share these adaptations with other Catholics in the country working with these populations. The participation of underage persons should follow all child protection guidelines stipulated by the USCCB.

What does it mean that everyone will take part in some missionary activity?

The Encounter process embraces a spirit of the New Evangelization and the vision of a Church that goes forth in search of the other. At the end of each session, all participants are invited to take part in a simple missionary action. This action is an opportunity to witness one's identity as a missionary disciple of Jesus Christ. Also, it is an invitation to go into the peripheries of our Church and our society.

What are the peripheries where those who participate in the Encounter process are being sent?

Pope Francis reminds us that as baptized Christians, Catholics must embrace the call from Jesus Christ "to go forth from our own comfort zone in order to reach all the 'peripheries' in need of the light of the Gospel." The "peripheries" are all those circumstances in which many sisters and brothers are experiencing some form of hardship—material, social, cultural, or spiritual. Not all peripheries are the same. Each community, each family, and each person must identify the immediate peripheries and then go and meet people there with a message of love and hope in a spirit of accompaniment. Many Catholics live in the peripheries of our Church and society: the young people who do not see the Church as their home anymore, the disaffected, the undocumented, the poor, the victims of abuse and prejudice, the farmworker and the factory worker who cannot make ends meet, the elderly, the broken family, the lonely, the addict, the imprisoned, the sick, etc. To all these groups, we are called to bring the light of the Gospel.

Creando una Cultura de Encuentro

Una Guía para Alegres Discípulos Misioneros

PARTE I

Introducción

1. Visión y objetivos de *Creando una Cultura de Encuentro*

Creando una Cultura de Encuentro (CCE) es una adaptación del proceso desarrollado para el V Encuentro Nacional de Ministerio Hispano/Latino, una actividad prioritaria del Plan estratégico de la Conferencia Nacional de Obispos Católicos de los Estados Unidos (USCCB, por sus siglas en inglés) para el ciclo del 2017 al 2020.

La meta general de *Creando una Cultura de Encuentro* es discernir formas en las que la Iglesia local pueda responder mejor a los que viven en las periferias de la sociedad, y potenciar modos en que los fieles respondan como

discípulos misioneros al llamado de la Nueva Evangelización, sirviendo a toda la Iglesia.

Creando una Cultura de Encuentro es un proceso de formación en la fe que invita a todos los católicos en los Estados Unidos a una intensa actividad misionera, en el espíritu de la Nueva Evangelización. El proceso de encuentro llama a los católicos a que mejor sirvan a los que están en la periferia en las diócesis, parroquias, movimientos eclesiales, y otras organizaciones e instituciones católicas a la luz de su tema: Alegres discípulos misioneros.

Todos los líderes en las (arqui)diócesis, parroquias, movimientos eclesiales laicos y otras organizaciones e instituciones católicas están invitados a salir al encuentro de aquellos que viven en las periferias, mediante del proceso misionero de evangelización: *Creando una Cultura de Encuentro*.

Creando una Cultura de Encuentro tiene cuatro objetivos:

1. Fomentar una visión de la Iglesia en misión que desarrolle vías eficaces para invitar, acompañar y formar jóvenes, sus familias, y movimientos eclesiales laicos a vivir su vocación bautismal.

2. Estimular una nueva ola de formación en la fe que prepare a los católicos para compartir la fe y celebrar la Buena Nueva de Jesucristo y llegar a ser fermento del reino de Dios en la sociedad.

3. Llamar a todos los católicos en los Estados Unidos a convertirse en discípulos misioneros auténticos y alegres que salen al encuentro de sus hermanos en Cristo, con una voz profética dando testimonio del amor de Dios.

4. Invitar a todos los líderes católicos a interactuar y acompañar a los más vulnerables y los que se encuentran en las periferias de la Iglesia y la sociedad.

Al centro del *Creando una Cultura de Encuentro* se encuentra una experiencia de cinco sesiones de reflexión y evangelización, guiada por cinco temas inspirados por la invitación del Papa Francisco a fomentar una cultura de encuentro (ver *La alegría del Evangelio*, no. 24):

1. Llamados a un encuentro de amor con Jesús en la Iglesia

2. Con obras y gestos: ¡Atrévete!
3. Caminando juntos con Jesús
4. Dando frutos de nueva vida
5. Festejando la alegría de ser discípulos misioneros

Esta guía ofrece toda la información básica que su comunidad, grupo y organización necesita para participar en la experiencia de cinco sesiones. ¡Todos los católicos están llamados a participar!

2. El Encuentro como proceso de evangelización

Los católicos en los Estados Unidos entramos a proceso del encuentro respondiendo a la llamada universal de la Iglesia a la Nueva Evangelización en nuestro tiempo. Muchos son los signos de esperanza que dan vida al catolicismo en los Estados Unidos: nuestras comunidades de fe, nuestra gente, la diversidad cultural, el deseo de construir unas familias y una sociedad enraizadas en valores cristianos, y especialmente atentos a nuestros jóvenes. Pero también sabemos que hay muchos desafíos: la influencia cada vez más fuerte de la secularización (millones de católicos se han alejado de la Iglesia), la escasez de recursos para evangelizar, la falta de agentes pastorales que caminen con el pueblo de Dios en sus jornadas espirituales y su búsqueda de justicia, entre otros. *Creando un Cultura de Encuentro* es una oportunidad para todas las iglesias locales en los Estados Unidos de anunciar a Jesucristo y su mensaje a los que están en las periferias con nuevo ardor, nuevos métodos y nuevas expresiones.

3. El Encuentro como proceso de comunión

Muchas generaciones de católicos desde el siglo XVI, mucho antes de que los Estados Unidos fuera una nación, han contribuido a construir comunidades de fe arraigadas en la tradición católica. La diversidad a todos los niveles siempre ha sido parte de nuestra experiencia: cultural, lingüística e incluso ideológicamente. Aun así, existe una única comunión católica en el país. El proceso de encuentro nos llama a vivir en comunión como discípulos misioneros a la luz de la fe que compartimos en Jesucristo, escuchando la Palabra de Dios, celebrando los sacramentos y afirmando las muchas maneras en que experimentamos a Dios en lo cotidiano. Cuando la Iglesia en los Estados Unidos acepta el desafío de responder mejor a las necesidades de los fieles y fortalece los modos en que los católicos responden a la llamada a la Nueva Evangelización como discípulos misioneros al servicio de toda la Iglesia, experimentamos la comunión.

4. El Encuentro como proceso de consulta

Como proceso profundamente eclesial de evangelización y comunión, *Creando una Cultura de Encuentro* está dirigido a implicar a la comunidad católica en un proceso intencional de escucha. Dicha escucha en este proceso particular está definida por los lugares en los que ocurre: las periferias de la familia, la Iglesia y la sociedad. Millones de católicos viven en esas periferias. El Encuentro es un proceso que potencia a los católicos que ya están involucrados en nuestras parroquias, movimientos eclesiales laicos y otras organizaciones católicas a "salir" a las periferias en donde muchos católicos viven sintiéndose abandonados, poco escuchados, desolados y con frecuencia marginados. El Encuentro es un proceso de evangelización que prepara a discípulos misioneros en la Iglesia para escuchar atentamente, involucrarse en las vidas de las personas y reconocer esperanzas y frustraciones. Por medio de esta consulta, las personas que viven en las periferias de nuestras familias, iglesias y nuestra sociedad, especialmente los más jóvenes, están invitados a expresar su voz, sus esperanzas y sus sueños. Los discípulos misioneros que escuchan esas voces serán a su vez desafiados a evaluar estructuras y maneras de hacer la tarea evangelizadora como parte de un proceso de conversión pastoral. Se invita a párrocos, vicarios parroquiales y administradores pastorales a participar en el proceso de consulta que llevarán a cabo los discípulos misioneros. Este proceso acercará a miles y miles de católicos a Cristo al tiempo que produce frutos incalculables para la Iglesia en los Estados Unidos.

5. Oración del Encuentro

Dios de infinita misericordia,
Tú que enviaste a tu Hijo resucitado
a salir al encuentro de los discípulos de
    Emaús,
concédenos hoy un espíritu misionero
y envíanos a salir al encuentro
de nuestras hermanas y hermanos:

a caminar junto a ellos en amistad,
a escuchar sus tristezas y alegrías
con compasión
y proclamar tu Palabra con valentía,
para que puedan reconocerte de nuevo
en la Fracción del Pan.

Envíanos a todos como discípulos
    misioneros,
y quédate con nosotros siempre,
mientras nos dedicamos a compartir la
    alegría del Evangelio
con generaciones de toda raza, lengua, cultura y nación.

Te lo pedimos desde nuestros corazones
    ardientes
llenos del Espíritu Santo,
en nombre de nuestro Señor Jesucristo
y por la amorosa intercesión de nuestra
    Santa Madre,
María de Guadalupe,
Estrella de la Nueva Evangelización en las
    Américas.
Amén.

PARTE II

Sesiones de la Guía *Creando una Cultura de Encuentro*

Recursos para el uso y la adaptación de la guía

Públicos y contextos

La guía *Creando una Cultura de Encuentro* fue diseñada para ser usada por todos los católicos en comunidades de fe en los Estados Unidos. La meta es que grupos pequeños usen este recurso en parroquias, movimientos apostólicos, pequeñas comunidades, escuelas católicas, institutos pastorales, espacios de pastoral universitaria, organizaciones y cualquier otro contexto en el que los católicos estén discerniendo cómo servir mejor a personas en las periferias mientras que se fortalecen las maneras como los fieles responden a la llamada a la Nueva Evangelización como discípulos misioneros al servicio de toda la Iglesia. La mayoría de los católicos en los Estados Unidos que practican su fe todavía tienen una relación especial con la vida parroquial. Por ello, el proceso de reflexión, evangelización y salida delineado en esta guía desafía a las parroquias a invitar a la mayor cantidad posible de feligreses a formar pequeños grupos y participar en el proceso. Sería ideal que los consejos parroquiales y comisiones (ej., consejo pastoral, consejo financiero, consejo de liturgia) usaran este proceso en sus reuniones. Se invita de manera especial a las juntas directivas de las organizaciones católicas, los equipos de liderazgo, los equipos administrativos en las escuelas, grupos de maestros, equipos de pastoral universitaria, oficinas diocesanas, pequeños grupos asociados con movimientos apostólicos, grupos de oración, grupos de sacerdotes y diáconos permanentes, grupos de religiosas y religiosos, programas de educación continuada, seminaristas, estudiantes en programas de formación ministerial y teológica, etc. a que consideren experimentar este proceso de cinco sesiones. Aparte de ser un gran instrumento para reenfocar su trabajo a la luz de la misión evangelizadora de la Iglesia, les inspirará un deseo de acercarse e interactuar más con los católicos en las periferias.

Invitación a adaptar la guía

Son muchos los contextos y realidades que tienen un impacto en la experiencia de los más de 70 millones de católicos en los Estados Unidos. Sería poco sensato esperar que cualquier recurso respondiera a toda realidad y pregunta posible en cada contexto particular. Además, hay grandes diferencias a nivel regional que deben tenerse en cuenta. Por ejemplo, las necesidades y expectativas para el ministerio en Fresno, CA, son significativamente distintas a las del ministerio en Rockville

Centre, NY. Hablar de salida a las periferias con católicos en un movimiento apostólico seguramente exige una conversación distinta a hablar de interactuar con católicos en el contexto de la pastoral universitaria o una escuela católica. Por consiguiente, las cinco sesiones que son parte de esta guía deben ser tratadas como cimientos claves que inspiran la reflexión y el compromiso a evangelizar como parte del proceso de encuentro. La metodología y la espiritualidad que sostienen el proceso desde ahora garantizan una experiencia fructífera. Sin embargo, se invita a las parroquias, diócesis, movimientos apostólicos, organizaciones e instituciones, escuelas y otros grupos a hacer las adaptaciones que se crean necesarias siempre y cuando se mantenga al máximo la estructura y el enfoque en los católicos en las periferias. Se debe también considerar los modos en que los seminaristas y las comunidades religiosas también pueden involucrarse en la actividad misionera del proceso de encuentro. No dude en resaltar ejemplos y esfuerzos locales, hacer preguntas que respondan a la particularidad de su realidad, proponer actividades misioneras para responder de manera más directa al contexto en el que usted evangeliza, etc.

Si su equipo pastoral hace una adaptación que usted cree que conectará mejor en el proceso de evangelización de un grupo particular tal como campesinos, seminaristas, administradores de escuelas católicas, jóvenes en condiciones de alto riesgo o encarcelados, por mencionar algunos, por favor considere compartir esas adaptaciones con el resto del país. Para hacer esto, escriba un correo electrónico a *diversity@usccb.org* con los materiales que han adaptado. A medida que estos materiales estén disponibles, se pondrán en una sección de la página web de *Creando una Cultura de Encuentro* dedicada a ellos para que beneficien a cientos de miles de católicos en el país. Para obtener mayor información sobre el uso de la guía, visite: *http://www.usccb.org/issues-and-action/cultural-diversity/*.

Temas y objetivos generales de la guía

Al centro del proceso de encuentro se encuentra una experiencia de cinco sesiones de reflexión y evangelización guiada por cinco temas inspirados por la invitación del Papa Francisco a fomentar una cultura de encuentro (ver *La alegría del Evangelio*, no. 24):

1. Llamados a un encuentro de amor con Jesús
2. Con obras y gestos: ¡Atrévete!
3. Caminando juntos con Jesús
4. Dando frutos de nueva vida
5. Festejando la alegría de ser discípulos misioneros

Esta guía ofrece toda la información básica que su comunidad, grupo y organización necesita para participar en la experiencia inicial de cinco sesiones. Todos los católicos están llamados a participar en el proceso de salir y encontrar a los que no han sentido la bienvenida de la Iglesia.

Las cinco sesiones de esta guía constituyen el núcleo del proceso de reflexión y evangelización de *Creando una Cultura de Encuentro*. Al entrar en este proceso, las comunidades de fe y los grupos católicos en los Estados Unidos están invitados a

1. Lanzarse a la vivencia de una Iglesia en salida.
2. Animar la reflexión y el compartir de la fe entre los miembros del pequeño grupo.
3. Profundizar sobre el llamado a ser discípulos misioneros.
4. Prepararse para la misión evangelizadora en las periferias.
5. Compartir la experiencia y ver sus implicaciones pastorales.
6. Pasar de ser un pequeño grupo a una pequeña comunidad.

Al concluir las cinco sesiones, se celebra el Encuentro Parroquial. Las instrucciones para planear el Encuentro Parroquial están incluidas en la Parte II, después de la sesión cinco.

Estructura de cada sesión

Información General

- Objetivos
- Símbolos
- Instrucciones para preparar el ambiente

Sección inicial

- Introducción
- Pasaje bíblico tomado de Lucas 24: el encuentro con los discípulos en el camino a Emaús
- Reflexión sobre el texto bíblico

- Después de unos momentos de reflexión en silencio, una persona asignada por el grupo comparte una reflexión basada en la lectura, con énfasis en el paso evangelizador que inspira la sesión

Secciones centrales

- Ver — Enfocada en cómo el tema de la sesión se relaciona con la historia de cada persona y la memoria histórica de la comunidad local.
- Juzgar — Una reflexión sobre el tema de la sesión con preguntas para el diálogo.
- Actuar — Una invitación a acciones específicas como discípulos misioneros que salen a las periferias. La mayoría de acciones se orientan hacia los jóvenes y las familias.
- Celebrar — Un rito corto que resume a manera de oración la esencia de lo que se ha compartido en la sesión. Es importante animar a los párrocos y facilitadores a que incorporen cantos religiosos conocidos y devociones populares que son familiares para los hispanos en sus comunidades. Para los cantos de CCE incluidos en la guía, visita *https://www. ocp.org/es-us/encuentro-musica*.
- Misión — Instrucciones específicas para la actividad misionera durante la semana. Comenzando en la primera sesión, cada participante del proceso de encuentro será invitado participar en la acción misionera y a regresar a compartir sobre su experiencia en la siguiente sesión.

Instrucciones específicas para los facilitadores de los pequeños grupos

Gracias por aceptar la invitación a facilitar uno de los pequeños grupos como parte del proceso de encuentro. Recuerde las cinco responsabilidades básicas que tiene como facilitador(a):

1. Preparar el espacio donde se va a reunir el grupo.
2. Guiar la conversación, asegurándose de que todos se sientan bienvenidos y tengan la oportunidad de participar.
3. Conseguir y distribuir los símbolos y cualquier otro material a usarse en cada una de las sesiones. Esto puede ayudar a reflexionar sobre su participación o considerar otros símbolos adicionales en lugar de los símbolos sugeridos.
4. Participar en el Encuentro Parroquial y animar a los miembros de su grupo a participar.

He aquí algunas recomendaciones prácticas que le ayudarán a facilitar la experiencia de la mejor manera posible:

- Pase un momento en oración antes de cada sesión. Si usted ora con el santo rosario habitualmente, ofrezca esta hermosa oración por el éxito de la sesión y por las personas que participarán.
- Lea todo el contenido de la sesión antes de reunirse con el pequeño grupo. Familiarícese con los textos bíblicos, las palabras y las ideas que están en la sesión, al igual que las preguntas que se proponen.

- Reserve tiempo suficiente para completar cada uno de los cinco momentos de la sesión. Por ejemplo, tenga en cuenta que las sesiones VER y JUZGAR necesitan más tiempo que las demás.

- Desarrolle una estrategia para facilitar la conversación, que pueda motivar a todos los participantes a compartir sus ideas y reflexiones.

- Confirme que el número de símbolos que se distribuirán en cada sesión corresponde al de los participantes en cada pequeño grupo.

- Si va a usar recursos audiovisuales (ej., video, música, imágenes, etc.), pruebe los equipos antes de cada sesión. Hay muchos recursos en la página web de CCE que usted puede usar durante las sesiones, pero necesitará tener acceso al Internet o a un dispositivo que le permita acceder a esos recursos.

- Llegue al menos 15 minutos antes de la reunión de su pequeño grupo para preparar el altarcito o el espacio sagrado.

- Asegúrese de que el lugar de reunión está ubicado lejos de interrupciones y ruidos que puedan distraer a los participantes.

- Ofrezca una cálida bienvenida a cada participante en su pequeño grupo. Salude a cada uno por su nombre.

- Procure que la interacción entre los miembros del grupo siempre sea hospitalaria, respetuosa y motivadora.

- En la primera sesión, pregunte a todos los participantes cuál es la manera que prefieren para contactarles. Si un(a) participante no llega a la sesión, comuníquese con esta persona para comprobar que todo esté bien. Invítela una vez más.

- Al final de cada sesión, agradezca a todos los participantes y recuérdeles la fecha y la hora de la siguiente reunión. Envíe una nota recordando esta información el día anterior a la siguiente reunión.

Sesión 1

Llamados a un encuentro de amor con Jesús en la Iglesia

Objetivos

- Compartir experiencias de encuentro con Jesús y como nos primerea para que podamos ver.
- Profundizar el llamado a ser discípulos misioneros desde nuestro bautismo.
- Prepararnos como discípulos misioneros para primerear a quienes más lo necesiten.

Símbolos

Vendas.

Preparar el ambiente

Antes de empezar la sesión se prepara el lugar de la reunión del pequeño grupo. Se ponen las sillas en círculo y en el centro se coloca una ilustración de un camino. Junto a ella se ponen unas vendas que simbolizan aquello que nos impide ver. Lo ideal es que haya una venda por cada participante.

Oración

Se comienza la sesión con el canto: "Abre Mis Ojos" (Jesse Manibusan) y con la Oración de Encuentro.

Introducción

Bienvenidos a la primera sesión de *Creando una Cultura de Encuentro*. En estas cinco semanas realizaremos nuestro propio caminar con Jesús siguiendo los distintos momentos del pasaje de Emaús. También nos prepararemos para salir al encuentro de quienes más necesiten escuchar las buenas nuevas de Jesús y sentir el abrazo amoroso de la Iglesia. En esta primera sesión nos enfocamos en cómo Jesús primerea a los discípulos, dando el primer paso al salir a su encuentro.

Se inicia la sesión con la lectura siguiente (Lucas 24:13-15):

> El mismo día de la resurrección, iban dos de los discípulos hacia un pueblo llamado Emaús, situado a unos once kilómetros de Jerusalén, y comentaban todo lo que había sucedido. Mientras conversaban y discutían, Jesús se les acercó y comenzó a caminar con ellos; pero los ojos de los dos discípulos estaban velados y no lo reconocieron.

Después de unos momentos de reflexión en silencio, una persona asignada por el grupo comparte la siguiente reflexión sobre la lectura:

Primerear, dar el primer paso . . .

En el relato bíblico de los caminantes de Emaús, Jesús sale al encuentro de estos dos discípulos que se alejan de Jerusalén llenos de temor, de angustia y frustración. Jesús contempla activamente la realidad que impacta a sus discípulos y se incluye en ella. Jesús sabe que todos sus discípulos están traumatizados por la muerte de su maestro, amigo y Señor. Su muerte los llenó de desconcierto y de temor. Su maestro fue arrestado, juzgado y encontrado culpable de un crimen que merecía la muerte de acuerdo a las leyes de aquel tiempo. El pasaje indica que estos dos discípulos se quedaron tres días en Jerusalén después de la muerte de Jesús, antes de decidir dejar la ciudad. Es muy posible que durante esos días hubieran estado escondidos por temor a ser reconocidos como discípulos del ejecutado, tal como le pasó a Pedro en la dolorosa acción de negar tres veces ser seguidor de Jesús. Finalmente deciden dejar la ciudad, alejarse de aquel lugar de muerte y regresar a sus vidas, a lo que hacían antes de conocer y seguir a Jesús.

La primera acción que realiza Jesús en este pasaje es unirse a los discípulos en su caminar. Con esta acción Jesús da el primer paso, primerea a los discípulos saliendo a su encuentro. Jesús se acerca a ellos con profundo respeto para escuchar lo que dicen, captar sus sentimientos, percibir su reacción ante los acontecimientos. Sale a su encuentro, los escucha, conociendo bien sus pensamientos y sentimientos y lo mucho que han sufrido.

El relato bíblico indica que los discípulos no reconocieron al extraño que se unió a ellos en el camino pues "algo impedía que sus ojos lo reconocieran". No sabemos qué tan de cerca de los discípulos caminaba Jesús, o por cuánto tiempo. Lo que sí sabemos es que Jesús va escuchando lo que dicen y se da cuenta de sus gestos de desaliento y de tristeza. Esta acción de acompañamiento anónimo muestra un gran respeto hacia el duelo en que están los discípulos ante la muerte de un ser tan querido, y en el que habían puesto todas sus esperanzas. Sumidos en su dolor, los discípulos también enfrentan la dura tentación de pensar que han perdido el tiempo siguiendo a alguien que no resultó ser quienes ellos esperaban. Muy posiblemente fuera este mismo dolor y desconcierto lo que impidiera que los ojos de los discípulos reconocieran a Jesús.

Ver

La persona que facilita la sesión invita al grupo a compartir de acuerdo a las siguientes preguntas:

[Este compartir se puede hacer de dos en dos, asegurando que cuando la persona está compartiendo su experiencia, la otra escucha sin juzgar, ni hacer comentarios o dar consejos. Simplemente escucha con todos sus sentidos y con todo su corazón.]

1.

Consideremos por un momento nuestra historia personal.

Comparte una experiencia en que sentiste que Jesús salió a tu encuentro y tomó la iniciativa.

- ¿Qué vendas no me dejaban reconocer en ese momento que era Jesús? (el cansancio, la preocupación, la necesidad de sobrevivir y la falta de reflexión, el aislamiento . . .)
- ¿Quién estaba caminando a mi lado? ¿Quién se me unió en solidaridad? ¿Quién me tendió una mano amiga?
- ¿Quién, o qué, me hizo recuperar la esperanza?

Después de que las personas hayan compartido, el facilitador/a comparte con el grupo sobre la memoria histórica de la comunidad de fe local.

2.

Preguntas para los participantes

- ¿Qué programas o actividades misioneras hay en tu parroquia, escuela o movimiento eclesial que primerean a los jóvenes y a las familias que se encuentran alejados de la Iglesia?
- ¿Hay Misa Dominical celebrada en tu parroquia en otros idiomas?
- ¿De que otras maneras su comunidad de fe llega a quienes viven en las periferias?

Juzgar

Dios nos primerea por medio del Sacramento del Bautismo y nos llama a ser discípulos misioneros del amor de Dios.

Dios es el Señor de la historia. Fuimos llamados a la propia vida de Dios y, por las aguas del Bautismo, resucitamos con Cristo a una nueva vida como hijos e hijas de Dios.

Tal enorme dignidad nos convierte en reyes—como hijos de rey; sacerdotes—participando en el sacerdocio de Cristo ante el Padre; y profetas—proclamadores y mensajeros de la Palabra de Dios en el mundo. Nuestro Bautismo, por tanto, constituye una llamada ineludible a participar en la vida y la misión de Dios. El Papa Francisco nos recuerda que en virtud de nuestro Bautismo cada miembro del Pueblo de Dios se convierte en un discípulo misionero (*Evangelii Gaudium*, no. 120). Por su parte, los obispos de Estados Unidos enfatizan la urgencia de la evangelización: "Claramente, a menos que continuemos siendo evangelizados nosotros mismos y renovemos nuestro entusiasmo por nuestra fe y nuestra iglesia, no podemos evangelizar a otros. Debemos dar prioridad a la formación renovada y continua de la fe como lo esencial para profundizar nuestra relación personal con Jesús" (*Vayan y Hagan Discípulos*, no. 47).

Jesús invita a todos los bautizados a primerear a los demás y nos envía al Espíritu Santo para guiar nuestros pasos alegres. Uno de los slogans más populares en la pastoral hispana, y que surge del III Encuentro Nacional de Pastoral Hispana (1985), es pasar de las bancas a los zapatos, es decir, llegar a ser la iglesia en salida que vive y predica el papa Francisco, siempre lista y dispuesta a primerear, sobre todo a los alejados.

En la exhortación apostólica *La alegría del Evangelio* el Papa Francisco nos dice que primerear significa tomar la iniciativa sin miedo:

ser el primero en saludar, en perdonar, en escuchar, en mostrar misericordia, pues Dios nos amó primero. Ello implica salir a encuentro del otro, invitar a los excluidos, brindar misericordia y experimentar la alegría de ser bendición para los demás. Esta imagen misionera de primerear evoca la *Oración de Santa Teresa de Ávila*, que dice:

> Cristo no tiene cuerpo en la tierra sino el tuyo.
>
> No tiene manos sino las tuyas.
>
> No tiene pies sino los tuyos.
>
> Tuyos son los ojos con los que la compasión de Dios mira al mundo.
>
> Tuyos son los pies con los que Él camina para ir haciendo el bien.
>
> Tuyas son las manos que ahora tiene para bendecirnos.

Actuar

Dar el primer paso.

¿Cómo podemos prepararnos para la misión, que pasos debemos tomar, que gestos debemos expresar para ser las manos, los pies y los ojos de Dios en el mundo?

Sigamos el ejemplo de Jesús en el relato de Emaús. Antes de unirse a los discípulos que van por el camino, Jesús contempla activamente la realidad que los impacta y se incluye en ella. Jesús no se imagina a sus discípulos desde lo lejos. Es necesario que Jesús

Resucitado se acerque a las periferias en que se ubican sus discípulos. Esa periferia física, política, emocional y mental los había convertido en seguidores confusos y desesperanzados que podrían sufrir la misma suerte que el que murió en la cruz. Esta acción nos enseña a hacernos presentes en la realidad particular que viven las personas y, desde esa presencia, quitarnos la venda de los ojos, abrir nuestros sentidos, corazón y mente como una preparación para recibir la luz de la gracia y un encuentro más profundo de unos con otros y con el Señor Resucitado en medio de nosotros.

Si pensamos en nuestra propia acción pastoral, resulta muy claro que no se puede contemplar activamente la realidad exclusivamente desde el escritorio, la casa parroquial o el salón de clases. Es necesario salir al encuentro de las personas en sus ambientes cotidianos y unirnos a su caminar con una actitud misionera de profundo respeto.

En el evangelio según san (Lucas 10), vemos como Jesús envía a setenta y dos de sus discípulos a misionar, a ir de dos en dos a predicar la buena nueva en todas las ciudades y sitios donde él debía ir. Hoy en día los discípulos enviados somos nosotros, y los lugares a los que debemos ir son aquellos donde se encuentran las personas más necesitadas de ser primereadas, de conocer el amor incondicional y la misericordia de Dios.

- ¿Cuáles son algunos de estos sitios a los que Jesús nos envía de dos en dos hoy?
- ¿Quiénes son las personas a las que debemos primerear con urgencia?

- ¿Qué actitudes, gestos y acciones nos podrían ayudar a salir al encuentro de unos con otros cuando nos encontramos en la vida diaria ya sea en el trabajo, la escuela, el vecindario, el transporte público, el supermercado, en la misma comunidad de fe?

Durante esta semana hagamos el compromiso misionero de salir al encuentro de los demás. "Ponerse los zapatos" significa entrar en acción. Consideremos dónde concretamente podemos empezar a primerear y ser verdaderamente el Cuerpo de Cristo en el mundo. Podemos emprender tres acciones:

- En nuestra vida diaria, primerear a las personas que nos encontremos durante el día, sobre todo en las periferias. Ello incluye quitarnos la venda de la indiferencia, de la rutina, del prejuicio, de la ignorancia, y del miedo. Sin esta venda podemos tomar actitudes, gestos y acciones de bienvenida.
- Identificar a una persona concreta que tú sientes tiene una sed especial, que tiene un dolor o una carencia, que está pasando por momentos difíciles, una persona que necesita experimentar la ternura de Dios y el amor de la Iglesia (ver Esquema de acción misionera A en p. 74).
- Dos miembros del grupo van a un lugar en las periferias donde se congrega la gente. Su acción es pasar un par de horas en ese lugar contemplando activamente la realidad de ese lugar. Puede ser un mercado, un vecindario, un parque, una actividad deportiva, un mercado, la

hora de salida de una escuela pública, una calle transitada en el pueblo o en la ciudad, una oficina del welfare, un campo agrícola de trabajo, un banco de comida, etc. (ver Esquema de acción misionera B en p. 74).

Celebrar

Canto: "Aquí Estoy, Señor" (Dan Schutte) o "Pescador de Hombres" (Cesáreo Garabaín).

Oración final

Líder

Dios de amor, tú nos has primereado y nos has buscado. Tú nos has invitado de muchas maneras, por medio de muchos eventos y personas en nuestras vidas. Algunas veces hemos cubierto nuestros ojos con nuestras propias vendas y no te hemos visto. Aun así, tú has caminado junto con nosotros en todo momento suave y amorosamente. Permítenos ahora ver y tener el valor de quitarnos las vendas de nuestros ojos para verte en nuestra vida diaria, en nuestras tristezas y alegrías, en la vida que nos rodea, en nuestros hermanos y hermanas, en la sed que experimentan quienes nos rodean. Ayúdanos a reconocer que tus ojos, tus pies y tus manos en este mundo son nuestros ojos, nuestros pies y nuestras manos extendidas hacia los demás. El mundo nos espera. ¡Envíanos!

Tomemos una venda en nuestras manos y reflexionemos sobre lo que nos impide ver y lo que no nos permite reconocer la acción de

Dios en nuestras vidas o ver la necesidad del amor de Dios que otras personas tienen.

Todos

Quítanos, Señor, la venda de nuestro egoísmo que no nos permite verte.

Quítanos, Señor, la venda de nuestras preocupaciones por el futuro, las cuales nos llenan de temor y no nos permiten acercarnos a los demás.

Quítanos, Señor, la venda de la indiferencia que no nos deja ver la necesidad de salir de nuestra comodidad.

Quítanos, Señor, la venda de nuestro dolor y nuestra frustración que nos impiden verte caminando con nosotros.

Quítanos, Señor, la venda de nuestra obsesión por las posesiones y el control que no nos dejan reconocer que dependemos sólo de ti, y que sólo tú eres la luz que necesitamos.

Quítanos, Señor, la venda de la duda que nos deja reconocerte como el Resucitado en todos los ámbitos de nuestra vida.

Una persona del grupo hace la siguiente lectura (Lucas 10: 1-3, 17):

En aquel tiempo, Jesús designó a otros setenta y dos discípulos y los mandó por delante, de dos en dos, a todos los pueblos y lugares a donde pensaba ir, y les dijo: "La cosecha es mucha y los trabajadores pocos. Rueguen, por lo tanto, al dueño de la mies que envíe trabajadores a sus campos. Pónganse en camino". . . .

Los setenta y dos discípulos regresaron llenos de alegría. [y contando lo que habían visto y oído]

Líder

Pensemos ahora en aquella persona que necesitamos primerear. Escribamos su nombre en un papel. Oremos por esta persona:

Todos

Señor, aquí está tu pueblo a quien amas como tus hijos, quienes padecen dolor y tienen sed de ti. Envíanos a ellos aún con nuestras debilidades. La cosecha es mucha. Hay muchas personas buenas afuera, que desean ser reconocidos como tus elegidos, tus posesiones. Llévanos a ellos, Señor, y acompáñanos en el camino.

Líder

Ahora les invito a acercarse a otra persona del grupo y decidir juntos a dónde van a ir como misioneros.

Enviemos a estos equipos de dos misioneros y acompañémosles con nuestra oración.

Todos

Iremos Señor, de dos en dos, al lugar de las periferias a donde tú nos envíes, a buscar a quienes amas y a quienes te buscan en medio del dolor y la confusión, y a quienes sus propias vendas no les permiten verte.

[*Cada equipo de dos personas comparte a dónde va a ir.*]

Ahora recitemos juntos la *Oración de Santa Teresa* de la p. 71 mientras nos bendecimos mutuamente los ojos, las manos y los pies con la Señal de la Cruz.

Líder

Señor Jesús, tú nos acompañas en todos nuestros caminos, recordándonos que somos tu buena nueva, tu evangelio para otros. Tú nos envías y nos acompañas. Gracias, buen Jesús.

Canto: "Iglesia en Salida"/"Church on a Mission" (Pedro Rubalcava, Alejandro Aguilera-Titus, Hosffman Ospino) y se recita la Oración de Encuentro.

Misión

Escoge una de estas dos acciones.

Esquema de acción misionera A

Primerear a alguien.

1. Buscar un buen momento para encontrarnos con la persona que se ha elegido primerear esa semana.
2. Hacer preguntas sencillas, que muestren interés en la persona. No comenzar por dar instrucciones o "evangelización" expresa, sino por escuchar atentamente. El primer objetivo es uniros a su caminar y entrar en sintonía con su vida.
3. Crear un espacio de seguridad, donde la persona se sienta con confianza para expresarse, sin temor a ser juzgada.
4. Dar alguna pista de esperanza o de luz. Dar ejemplos de la propia experiencia.

5. Si la persona ha expresado una necesidad de ayuda concreta, intentar conseguir contactos o recursos que puedan ser de utilidad.
6. Quizá sea bueno hacer una invitación a un evento en la parroquia o alguna celebración para ir conociéndose mejor.
7. Asegurarse de mantener el contacto.

Esquema de acción misionera B

Ir las periferias.

1. Elegir un lugar para ir de dos en dos a contemplar activamente la realidad.
2. Encontrar un lugar desde donde poder observar sin incomodar o estorbar.
3. Utilizar todos los sentidos para percibir la realidad del sitio: las personas que están presentes, cuáles son sus edades, qué hacen, cómo se relacionan entre sí, qué tipo de lugares son y cómo están cuidados, ver si hay algún tipo de autoridad presente, qué estado de ánimo muestra la gente, cómo va vestida, qué tipo de música se oye, en qué idioma se comunican, qué conversaciones oímos, de qué temas hablan y qué se percibe en el ambiente.
4. Ya de regreso a casa, compartir con el compañero/a misionero/a:
   - Lo que observamos, escuchamos, percibimos.
   - Lo que sentimos y pensamos mientras contemplábamos activamente la realidad.
   - Lo que nos sorprendió o nos costó trabajo al contemplar la realidad.

- ¿Qué novedad encontramos en esta experiencia, qué enseñanza nos deja?

- ¿Cómo prepara para interactuar con estas personas en una segunda visita a ese lugar?

Sesión 2

Con obras y gestos: ¡Atrévete!

Objetivos

- Compartir las experiencias de misión hechas durante la semana.
- Compartir momentos difíciles y sueños de vida entre miembros del grupo.
- Experimentar el poder de la escucha activa como método de involucramiento y consulta.
- Prepararnos para la misión con personas en las periferias, sobre todo con personas jóvenes.

Símbolos

Botella de agua, dos copias del Libro de los Evangelios por participante.

Preparar el ambiente

Antes de empezar la sesión se prepara el lugar de la reunión del pequeño grupo. Se ponen las sillas en círculo, y en el centro se coloca una ilustración de un camino. Junto a ella se ponen unas botellas de agua que simbolizan la sed que tenemos de Dios y de una vida más plena. Lo ideal es que haya una botella por cada participante. También se coloca una canasta con los Libros de los Evangelios.

Oración

Se comienza la sesión con el canto: "Pescador de Hombres" (Cesareo Gabaráin) o "Somos Tuyos" (Trevor Thomson) y con la Oración de Encuentro.

Introducción

La sesión empieza con un saludo de bienvenida y se invita a que cada participante comparta brevemente alguna experiencia de su labor misionera de la semana. Se pueden utilizar las siguientes preguntas para guiar el compartir:

- ¿A quién primereaste?
- ¿Qué ambiente visitaste?
- ¿Qué fue lo que viste y escuchaste?

Se continúa la sesión con la siguiente lectura (Lucas 24:17-20):

Él les preguntó: "¿De qué cosas vienen hablando, tan llenos de tristeza?" Uno de ellos, llamado Cleofás, le respondió: "¿Eres tú el único forastero que no sabe lo que ha sucedido estos días en Jerusalén?" Él les preguntó: "¿Qué cosa?" Ellos le respondieron: "Lo de Jesús el nazareno, que era un profeta poderoso en obras y palabras, ante Dios y ante todo el pueblo. Cómo los sumos sacerdotes y nuestros jefes lo entregaron para que lo condenaran a muerte, y lo crucificaron. Nosotros esperábamos que él sería el libertador de Israel, y sin embargo, han pasado ya tres días desde que estas cosas sucedieron. Es cierto que algunas mujeres de nuestro grupo nos han desconcertado, pues fueron de madrugada al sepulcro, no encontraron el cuerpo y llegaron contando que se les habían aparecido unos ángeles, que les dijeron que estaba vivo".

Después de unos momentos de reflexión en silencio, una persona asignada por el grupo comparte la siguiente reflexión sobre la lectura:

Involucrarse con gestos y obras . . .

En la primera sesión vimos como Jesús primereó a los discípulos uniéndose a su caminar hacia Emaús. En esta segunda sesión nos concentramos en cómo Jesús se involucra en la vida de los discípulos preguntándoles sobre lo que van hablando. Esta acción de Jesús es una de las más sorprendentes en este pasaje. Jesús sabe muy bien lo que ha pasado en Jerusalén, y está muy consciente de la situación difícil que aflige a sus discípulos. Entonces, ¿por qué les pregunta Jesús a sus discípulos de qué van hablando por el camino, como si él mismo no supiera de sobra la respuesta? Más aun, Jesús pregunta de nuevo con tono tranquilo y amable diciendo ¿Qué cosa?, cuando los discípulos responden con semblante triste y tono incrédulo: "¿Eres tú el único forastero que no sabe lo que ha sucedido estos días en Jerusalén?"

Este gesto tan sorprendente de Jesús, el de preguntar primero y volver a preguntar, es un aspecto muy importante en la metodología del proceso de encuentro. El encuentro con los demás, sobre todo con personas que pasan por momentos muy difíciles, debe iniciarse preguntándoles sobre sus vidas, sus preocupaciones, sus esperanzas, sus ideas, sus necesidades, sus sueños. Esto les permite que hablen de su realidad desde su perspectiva, que compartan su experiencia, sus sentimientos, sus ideas. Escuchar profundamente crea un espacio de confianza y seguridad que permite saciar su sed de desahogarse.

A Jesús no le interesa regañar a sus discípulos por haberlo abandonado o por no confiar en sus promesas. Tampoco le interesa reprocharles el no haberlo reconocido, ni empieza la conversación enseñándoles sobre lo que deberían creer. Las preguntas de Jesús hablan de su gran sensibilidad humana y de su sabiduría divina de saber escuchar el sufrimiento de sus discípulos, y permitirles que expresen su dolor, su confusión y su desconcierto ante lo sucedido. Jesús sabe que sus discípulos mueren de sed en el camino; sed de Jesús mismo, sed de su mensaje de esperanza, sed de sus anhelos de justicia y liberación, arraigada en el amor del Dios que nos llama a Él, escucha nuestro dolor y nos libera de nuestros pecados; tienen sed de una mejor vida, sed de ser escuchados en su dolor.

Las preguntas del forastero invitan a que los discípulos expresen que Jesús fue profeta poderoso en palabras y obras ante Dios y ante el pueblo, pero que sus propios líderes lo entregaron para ser condenado a muerte y lo crucificaron. No es difícil imaginar la gran confusión y dolor que les causaba a los discípulos el que sus propios sacerdotes y jefes hubieran entregado a la muerte a un profeta enviado de Dios. Los discípulos, y todos los seguidores de Jesús, esperaban que liberara a Israel de la opresión romana y restaurara la gloria del Reino de Judea. Con la muerte de Jesús se derrumban estos sueños tan anhelados y los discípulos quedan sumidos en la desesperanza y con una sed de justicia y libertad que los abruma. El Reino de Dios que Jesús había anunciado parece perdido. Seguramente se preguntan cuánto tiempo más tendrían que esperar por el 'verdadero Mesías'. Los discípulos expresan su desilusión y seguramente se preguntaban si valió la pena seguir a Jesús todo ese tiempo. El hecho de que van de regreso a su vida anterior de conocer a Jesús, es una señal de su ilusión derrotada, pues ya no está con ellos quien les ofreció saciar su sed para siempre.

Ver

[*La persona que facilita la sesión invita al grupo a crear un espacio de confianza para compartir.*]

1.   Consideremos por un momento nuestra historia personal y compartamos unos con otros los retos y dificultades que han cuestionado nuestros sueños y aspiraciones en nuestras vidas.

[*Este compartir se puede hacer de dos en dos, asegurando que cuando la persona está compartiendo su experiencia, la otra escucha sin juzgar, ni hacer comentarios o dar consejos. Simplemente escucha con todos tus sentidos y con todo su corazón.*]

- Comparte una experiencia en que sentiste que las dificultades de la vida te llevaron a dudar de tu fe en Jesús.
- ¿Qué acontecimiento o desilusión amenazó con quitarte la esperanza (la emigración forzada, alguna muerte en la familia, una relación traicionada, ser víctima de discriminación o de algún crimen, dificultades económicas, enfermedades, alguna adicción en la familia . . .)?
- ¿Quién estaba a tu lado? ¿Quién te preguntó con ternura y supo escucharte? ¿Quién te tendió una mano amiga sin juzgarte? ¿Quién, o qué, te ayudo a expresar tu dolor y recuperar la esperanza? ¿Quién te ayudó a apagar tu sed?

[*Después de que las personas hayan compartido, el facilitador/a comparte con el grupo sobre la memoria histórica de la comunidad de fe local.*]

2.   Da ejemplos de cómo tu parroquia, movimiento apostólico u organización católica se involucra con personas en las periferias.

Juzgar

El Papa Francisco nos dice que los discípulos de una comunidad evangelizadora deben involucrarse con obras y gestos en la vida cotidiana de los demás, sobre todo de aquellos en situaciones difíciles. Involucrarse significa achicar distancias, crear puentes, y ir más allá de la propia situación económica, cultural, educacional o migratoria hasta llegar al otro. Significa hacer propio el sufrimiento de otros, asumir sus dificultades y llegar incluso hasta humillarnos "tocando la carne sufriente de

Cristo en el pueblo. Los evangelizadores tienen así 'olor a oveja' y éstas escuchan su voz" (*Evangelii Gaudium*, no. 24).

Este llamado a involucrarse con quienes sufren pobreza, carencia o incluso discriminación, viene del corazón mismo de la iglesia. En el documento *Encuentro y Misión: Un Marco Pastoral Renovado para el Ministerio Hispano*, los obispos de Estados Unidos dicen que la opción misionera de la iglesia muestra predilección por quienes viven en situaciones de pobreza, enfermedad discriminación, pobreza espiritual y soledad. Y el Papa Francisco habla de una pobreza cultural interior muy prevalente en la sociedad actual, que exige una respuesta urgente por parte de la Iglesia (ver *Evangelii Gaudium*, no. 2).

La misión de la Iglesia hacia aquellos que sufren —especialmente jóvenes, mujeres, y familias— exige estas dos cosas: obras de caridad y la lucha comprometida contra toda forma de injusticia. Muchas situaciones personales y familiares crean desesperanza, confusión y sufrimiento. Muchas personas que viven en estas circunstancias quizás se encuentran en su propio camino de regreso a Emaús, es decir, a una manera de vivir, pensar y sentir alejados de Jesucristo Resucitado, de su amor, de sus promesas, de su vida plena.

El encuentro con la mujer samaritana es otro ejemplo de cómo Jesús se involucra e involucra a una persona en necesidad y a toda una comunidad (ver Juan 4:4-42). Jesús se sienta en el pozo donde la samaritana acude a buscar agua. Se sienta en el lugar donde se origina la vida de la samaritana (el pozo de agua es imagen del origen de vida de la propia samaritana) y se coloca, al decirle "dame de beber" como la fuente de agua de ese pozo. Jesús le habla a la samaritana con familiaridad, yendo más allá de todos los prejuicios, culturales y sociales, y se involucra en su vida, saciando la sed de búsqueda que ella tiene aun sin saberlo. El texto muestra cómo Jesús va despertando el interés de la samaritana haciéndola pasar de los acontecimientos diarios a los personales y de los personales a los espirituales. En ese proceso, la samaritana vive su conversión y se hace discípula, no puede contener en ella esa alegría de "saberse amada" y "saberse aceptada" y va a anunciar a otros que ha encontrado a alguien especial. Por eso dice: "Señor, dame de esa agua para que no tenga más sed".

Actuar

Involucrar e involucrarse.

¿Cómo podemos nosotros involucrarnos en la vida de personas en nuestra comunidad y en las periferias, sobre todo con personas jóvenes? ¿Qué tipo de obras y gestos debemos realizar? En el relato de Emaús vemos cómo Jesús hace preguntas para comenzar una conversación y, poco a poco, se va involucrando en las angustias y tristezas de sus discípulos. En el caso de la mujer samaritana, Jesús la encuentra junto al pozo y muestra interés por su vida cotidiana. También le hace preguntas y capta su necesidad y su sed de respuestas a las preguntas profundas que le dan sentido a la vida. Jesús le ayuda a entender la diferencia entre sobrevivir y vivir plenamente.

Hay millones de jóvenes que viven situaciones muy difíciles. También muestran que muchos de estos jóvenes viven sedientos de oportunidades de una vida mejor, sedientos de ternura y amistad, sedientos de un sentido de pertenencia a la Iglesia y a la sociedad, sedientos del amor incondicional de Dios y de un proyecto de vida digno y pleno. El proceso de encuentro ofrece una oportunidad única de ver a esta juventud, no con los ojos de la sociología, sino con la mirada del discípulo. Esta mirada nos lleva a involucrarnos en la vida de millones de jóvenes que aún no han sentido el amor de la Iglesia y no han tenido un encuentro personal con Jesús Vivo.

El actuar de esta segunda semana del proceso de encuentro nos envía a lugares donde podamos encontrarnos con personas jóvenes y e involucrarnos con ellos. ¿Cuáles son esos pozos donde podemos encontrarlos? ¿Qué preguntas podemos hacerles? ¿Qué podemos ofrecerles?

En nuestra vida diaria . . . mostremos más interés por la vida cotidiana de personas jóvenes en nuestra propia familia. Preguntémosles sobre lo que consideran más importante en sus vidas, sobre sus preocupaciones, sus angustias, sobre lo que los hace felices, lo que saben con certeza, sus creencias y dudas, lo que esperan de Dios, y el mensaje que desean escuchar de la Iglesia.

En nuestra comunidad . . . podemos involucrarnos con personas jóvenes que tienen alguna necesidad en el barrio, en el trabajo, o en la comunidad de fe. Siéntate con ellos para escucharles y ve preparado para ofrecer los servicios que presta la parroquia y que podrían servir para responder a la necesidad que están viviendo. Otra opción es reunirte con jóvenes de la parroquia para conversar sobre sus necesidades, aspiraciones y contribuciones en la vida de la parroquia y en la sociedad.

En las periferias . . . pueden ir de dos en dos a algún lugar 'pozo', es decir, a un lugar donde se congreguen personas jóvenes y entablar un dialogo con ellos.

Celebrar

Canto: "Somos el Cuerpo de Cristo" (Jaime Cortez).

Señor, danos siempre de tu agua viva.

[*Se coloca una fuente de agua, visible a todos. De preferencia una vasija, como un jarro, transparente que deje ver el agua. Se colocan plantas verdes, cuyo follaje refleje salud y abundancia. Si se consigue una breve música suave con sonidos de agua corriendo de fondo que inviten a la contemplación.*]

Líder

Invito a todos ustedes a contemplar el agua. San Francisco de Asís la llamaba "Hermana Agua". Los ojos de Francisco encontraron en el agua diversas muestras de bondad. El agua que nos refresca, que nos alienta, que nos limpia, que nos cura.

Todos

Alabado seas Señor por nuestra Hermana Agua.

El agua es dócil y adaptable. También puede aterradora y poderosa. Es gozo para los niños y bendición para un obrero.

Todos

Alabado seas Señor por nuestra Hermana Agua.

En los lugares donde el agua escasea, los pobres tienen sed. El agua es una bendición de Dios.

Líder

Alabado seas Señor por nuestra Hermana Agua.

Hagamos un momento de silencio, presentando ante el Padre la preocupación que vive nuestra Iglesia por la sequía en el mundo. Las imágenes de las muchas tierras donde no hay lluvia suficiente. No tenemos que ver la sequedad de los lagos, de los ríos y las fuentes, sólo con los ojos, sino con el corazón. Pidamos en silencio a nuestro Padre el perdón por nuestra falta de cuidado de la creación. Es una injusticia para la creación, pero también es una injusticia para las nuevas generaciones.

Líder

Señor Dios nuestro, que creaste el agua para fecundar la tierra; tú has bendecido las aguas desde la creación del mundo. Cuando tu Hijo entró en las aguas del río Jordán, nos diste a conocer tu voluntad de escuchar sus enseñanzas, porque en este Hijo tuyo está la fuente de la vida. Acoge a todos los que participan en el proceso de encuentro, para que renueven el compromiso de su Bautismo y recorran el camino de la vida con el dinamismo que da tu Espíritu para luchar por la justicia y la paz. Amén.

[*Canto: Pasan todos a la fuente, por parejas, se signan unos a otros con el agua, y reciben su botellita. También reciben dos copias del Libro de los Evangelios para entregar a las personas a quienes encuentran en su experiencia misionera.*]

Oración final (Intercesiones)

Líder

Señor, tú dijiste: Yo soy la fuente agua viva, el que beba de esta agua no tendrá nunca sed. Permite que en este proceso de encuentro, saciemos la vieja sed de ser reconocidos, y nos acerquemos a ti, como verdaderos discípulos, para refrescarnos con tu amistad.

Todos

Señor, danos siempre de tu agua viva.

Señor, tú dijiste que nadie acude a ti si el Padre no le llama. Durante el proceso de encuentro, límpianos con tu agua de vida de todo el polvo de los caminos andados, y libéranos de toda forma de esclavitud y culpa.

Todos

Señor, danos siempre de tu agua viva.

Señor, que en tu agonía experimentaste la sed, libra a todos los sedientos que han tomado aguas contaminadas de falsas fuentes, y devuélvelos a nuestra Iglesia mediante la acción misionera de los que te son fieles.

Todos

Señor, danos siempre de tu agua viva.

Señor, tú aseguraste que nadie te quitaba la vida porque la entregabas libremente. Queremos beber el agua de tu costado, y llevar esa agua viva a nuestros hermanos que se han quedado en las periferias, cuyas fuerzas están agotadas en los caminos del mundo.

Todos

Señor, danos siempre de tu agua viva.

Líder

Te alabamos Padre, que has dado el agua a tu Iglesia, para que mantenga fecundos los campos del reino. Te damos gracias porque además de habernos injertado en Cristo por nuestro Bautismo, renuevas para nosotros las oportunidades de volver a la vida verdadera. Señor, envía tu agua de vida a nuestros hogares, donde nos llamas a ser misioneros, para que las semillas que plantamos en tu nombre, crezcan y den una abundante cosecha en tus hijos, nuestras familias, nuestras comunidades, y toda la creación. Por Cristo nuestro Señor. Amén.

Canto: "Vayan Al Mundo" (Jaime Cortez) y la Oración de Encuentro.

Misión

Indicaciones para involucrarse:

1. Elegir a una persona del grupo para salir en la acción misionera por parejas.
2. Decidir a qué lugar irán para involucrarse. Se recomienda que distintos pares del grupo vayan a lugares distintos: plaza, tienda, parque, centro de detención, café, lugar de trabajo, etc. . . .
3. Se puede iniciar el diálogo de manera espontánea, o presentándose y pidiendo permiso para entablar el diálogo. Al terminar el diálogo se da un saludo deseando la paz a la persona o a personas con que dialogamos. Le pueden dar uno de los Libros del Evangelio.

Preguntas claves

- ¿Qué te importa más en tu vida?
- ¿Cuáles son tus preocupaciones?
- ¿Qué te hace feliz?
- ¿Cuáles son tus sueños?
- ¿Qué obstáculos te evitan lograrlos?
- ¿Cuáles son tus certezas?
- ¿Qué esperas de Dios?
- ¿Qué esperas de la Iglesia católica?
- ¿Qué es lo que contribuyes a los demás, a la sociedad?

Sesión 3

Caminando juntos con Jesús

Objetivos

- Compartir la experiencia misionera de la sesión anterior.
- Utilizar las Sagradas Escrituras para interpretar la vida y suscitar esperanza.
- Profundizar en la espiritualidad del acompañamiento.
- Prepararse para la acción misionera con énfasis en el *kerigma*.

Símbolos

Biblia y dos brazaletes de Encuentro por participante.

Preparar el ambiente

Antes de empezar la sesión se prepara el lugar de la reunión del pequeño grupo. Se ponen las sillas en círculo y en el centro se coloca una ilustración de un camino. Sobre la mesa se ponen unas flores, velas y una Biblia abierta representando la Palabra de Vida que da sentido a nuestras vidas. Se prepara incienso si es posible. También se coloca una canasta con brazaletes de Encuentro simbolizando la amistad que nos une con Jesús y que caminamos juntos en la vida. Se entregará un brazalete a cada participante durante la oración al final de la sesión.

Oración

Se comienza la sesión con el canto "Un Pueblo que Camina" (Emilio Vicente Matéu) y con la Oración de Encuentro.

Introducción

Esta tercera sesión del proceso de encuentro profundiza lo que significa el acompañamiento cristiano. Enfatiza la importancia de caminar junto a Jesús para sentir su amistad, escuchar su palabra y entender nuestras vidas a la luz de sus promesas de vida plena y eterna. Caminar con Jesús nos lleva a decirle al final de la jornada: "Quédate con nosotros".

Se inicia la sesión con la lectura siguiente (Lc 24:25-29):

> Entonces Jesús les dijo: "¡Qué insensatos son ustedes y qué duros de corazón para creer todo lo anunciado por los profetas! ¿Acaso no era necesario que el Mesías padeciera todo esto y así entrara en su gloria?" Y comenzando por Moisés y siguiendo con todos los profetas, les explicó todos los pasajes de la Escritura que se referían a él. Ya cerca del pueblo a donde se dirigían,

él hizo como que iba más lejos; pero ellos le insistieron, diciendo: "Quédate con nosotros, porque ya es tarde y pronto va a oscurecer". Y entró para quedarse con ellos.

Después de unos momentos de reflexión en silencio, una persona asignada por el grupo comparte la siguiente reflexión sobre la lectura:

Acompañar, caminar juntos con Jesús . . . La acción que Jesús realiza en este pasaje parece muy normal para un maestro: enseñar. Lo que la hace sorprendente es la manera en que Jesús elige enseñar. Jesús no inicia su conversación con los discípulos con una clase doctoral. Es muy probable que los discípulos se hubieran sentido muy incómodos y hasta molestos con la intrusión de un extraño que viene a darles una lección en su momento de duelo y desconcierto. Por eso, Jesús primero pregunta y escucha lo que tienen que decir los discípulos sobre su propia realidad, sobre su manera de interpretar lo sucedido, lo cual les permite desahogar su corazón y su mente con el forastero que se les une en el camino. Este desahogo hace posible que los discípulos estén en posición de escuchar lo que el forastero quiere decirles, pues el forastero los ha escuchado a ellos. No cabe duda que la actitud de escucha de Jesús ayuda a crear un lazo de confianza con los discípulos. Esta confianza es evidente más tarde, cuando los discípulos deciden invitar a al forastero a quedarse con ellos para continuar la conversación.

Jesús escoge el momento más indicado para compartir con los discípulos una manera muy distinta de interpretar lo sucedido en Jerusalén durante los últimos días. También escoge una manera amable pero directa de sacar a los discípulos de su obsesión y su dolor cuando les dice: ¡Hombres duros de entendimiento, cómo les cuesta creer todo lo que anunciaron los profetas! Jesús comienza recordándoles que el Mesías tenía que soportar esos sufrimientos para entrar en su gloria, y procede a interpretarles todas las Escrituras que se referían a él, comenzado por Moisés y continuando con todos los profetas.

El poder de la Palabra y su interpretación desde la promesa de la resurrección, van restaurando la esperanza de los discípulos en el caminar, y preparándolos para reconocer a Jesús Resucitado en el extraño que los acompaña y les habla. Cuando los discípulos llegan al lugar donde se quedarán, Jesús da muestras de que seguirá su camino, pero los discípulos le dicen que ya es tarde y lo invitan a quedarse con ellos. Este gesto de Jesús, el de dar la impresión de que seguirá su camino, muestra que el forastero no quiere imponer a los discípulos el seguir la conversación. Jesús les da la oportunidad de elegir seguir el diálogo o despedirse del extraño. Los discípulos toman la iniciativa de continuar en compañía del extraño y lo invitan a quedarse con ellos, con esas bellas palabras: "Quédate con nosotros". Este gesto de los discípulos, el de preocuparse de un extraño después de un día tan largo y difícil, es bien recibido por Jesús. Jesús acepta la invitación de quedarse con ellos, y de esta manera prepara el terreno para un momento de cercanía y confianza alrededor de la mesa.

Con su manera de enseñar, Jesús modela para nosotros la importancia de comunicar con gestos y mensajes que susciten esperanza. Ello implica expresar un profundo respeto por las personas que encontramos en el camino, pues ellos tienen su propia jornada de fe. Así mismo, nos corresponde compartir la Palabra de Dios y la sabiduría del Espíritu Santo en la Iglesia para que ellos puedan entender, ver y sentir su realidad desde la perspectiva de la fe en Jesús Resucitado, y en las promesas de su Reino de justicia, amor y verdad.

Ver

[La persona que facilita invita a los participantes a disponerse a compartir a la luz de su experiencia y a escuchar con un corazón atento.

El siguiente compartir se puede hacer de dos en dos, asegurándose que cuando una persona está compartiendo su experiencia, la otra escucha sin juzgar, ni hacer comentarios o dar consejos. Simplemente escucha con todos sus sentidos y con todo su corazón.]

1. Consideremos algunos momentos en nuestras vidas en los cuales nos sentimos acompañados y acogidos. Pensemos también en algunas palabras de la Biblia que nos dan esperanza y que nos han ayudado a ver de otra manera algún momento difícil de nuestra vida.

Comparte una experiencia en la cual alguien te acogió con generosidad en su casa o en su familia.

- ¿Qué sentiste al saberte acogido(a) y acompañado(a)?

- ¿Qué cambios en su vida hizo esta persona o familia para acogerte?

- ¿Qué palabras de la Biblia te han ayudado en momentos difíciles de tu vida?

- ¿Por qué crees que es importante que los cristianos practiquemos la hospitalidad?

2. Al mismo tiempo, sabemos que hay muchas personas a nuestro alrededor que están solas y con frecuencia son rechazadas ya sea por su condición social, o el color de su piel, o la diferencia de culturas, o su estatus migratorio.

- ¿Has sido rechazado(a) alguna vez?
- ¿Qué tan profunda fue la herida de ese rechazo?
- ¿Cómo se manifestó Dios en este momento?

[Después de que las personas hayan compartido, el facilitador comparte con el grupo sobre la memoria histórica de la comunidad de fe local.]

Preguntas para los participantes

- ¿Conoces algún un ministerio o grupo en tu comunidad de fe que haya nacido para acompañar a los católicos en las periferias? Comparte un poco sobre cómo nació y qué hace.

- ¿Qué tipo de organización o ministerio quisieras ver surgir por medio del proceso de encuentro para acompañar mejor a los católicos en tu parroquia o diócesis?

Juzgar

Una de las certezas más profundas que tenemos como cristianos es que Dios nos acompaña. Dios camina con nosotros en la vida diaria, en los momentos alegres y en los momentos difíciles. Es posible pensar, como lo hacen muchas personas, que Dios creó el mundo y lo dejó a la deriva. Cuando experimentamos sufrimiento, violencia, dificultades, rechazo, abandono, incomprensión e incluso la cruda realidad de la muerte, es tentador pensar que Dios no está con nosotros. Sin embargo, Jesucristo, el Hijo de Dios, nos reveló con claridad que es precisamente en esos momentos más difíciles en donde Dios está con nosotros. Dios no abandona al pobre, al inmigrante, al enfermo, al preso, al oprimido, a la persona que se siente sola, ni nos abandona cuando luchamos contra el pecado grave dentro de nosotros. Dios nos acompaña con su Palabra sosteniéndonos. Dios nos acompaña con los sacramentos, fortaleciéndonos con su gracia. Particularmente en la Eucaristía descubrimos que el Señor está con nosotros, más cerca de lo que pueda estar cualquier otra persona. En la Reconciliación nos sabemos verdaderamente perdonados por Dios.

Entre las experiencias más cercanas y tiernas por medio de las que experimentamos el acompañamiento de Dios está nuestra relación con María. Ella le dijo sí a Dios y la Palabra se hizo carne en ella. Ahora, María nos acompaña como la primera discípula misionera, invitándonos a decir sí, como ella lo hiciera un día en Nazaret. En el período de la conquista, en el momento en que se encontraron la cultura europea y las culturas indígenas del continente americano, reinaban la división y la violencia. Mucha gente sufría. María, en su advocación como Nuestra Señora de Guadalupe, se hace parte de esa historia con sus apariciones como una mujer mestiza, que reivindica la dignidad de los pueblos que sufrían. María de Guadalupe se convierte en signo de esperanza y unidad. Hoy en día la devoción a Nuestra Señora de Guadalupe es una de las devociones populares más fuertes entre los católicos de Estados Unidos.

En la Exhortación Apostólica *La alegría del Evangelio* el Papa Francisco nos ofrece a María como modelo de acompañamiento: "María sabe reconocer las huellas del Espíritu de Dios en los grandes acontecimientos y también en aquellos que parecen imperceptibles. Es contemplativa del misterio de Dios en el mundo, en la historia y en la vida cotidiana de cada uno y de todos. Es la mujer orante y trabajadora en Nazaret, y también es nuestra Señora de la prontitud, la que sale al encuentro de su pueblo para auxiliar a los demás 'sin demora' (Lc 1,39). Esta dinámica de justicia y ternura, de contemplar y caminar hacia los demás, es lo que hace de ella un modelo eclesial para la evangelización" (no. 288).

En este momento de la historia, se nos invita a salir, como María, a caminar al encuentro de los demás para acompañarles. De una manera especial se nos invita a caminar hacia los muchos jóvenes que se están alejando de la Iglesia y que por muchas razones esperan que alguien les escuche y les dé testimonio del amor tierno de Dios. Se nos invita a caminar hacia las familias, muchas de las cuales enfrentan desafíos para mantenerse unidas. Éstas son las familias que están trayendo una nueva esperanza a miles de comunidades católicas en todo el país. Una Iglesia en salida en los Estados Unidos es una Iglesia que acompaña a la familia. En palabras del Papa Francisco, la Iglesia "quiere llegar a las familias con humilde comprensión, y su deseo 'es acompañar a cada una y a todas las familias para que puedan descubrir la mejor manera de superar las dificultades que se encuentran en su camino'" (*Amoris Letitia*, no. 200).

Un discípulo misionero que acompaña a otros debe seguir el ejemplo de Jesús y María. Debe ser capaz de discernir la presencia de Dios en la vida ordinaria; tomar la decisión de salir a las periferias; caminar con "el otro" al estilo de Jesús; actuar con justicia y ternura; y contemplar y caminar hacia los demás.

Actuar

Acompañar a todos.

El pasaje de Lucas sobre los discípulos de Emaús al inicio de esta sesión nos dibuja con detalle lo que significa el acompañamiento y la sensibilidad pastoral que debemos tener para proponer a los demás la novedad del Evangelio, sin distinción de razas y culturas. Hay muchos lugares y muchas áreas de ministerio que exigen este acompañamiento especial, como es el caso del ministerio juvenil y familiar.

Cuando los apóstoles comenzaron a predicar la Buena Nueva, se enfocaron primero en los judíos que aceptaban a Jesús como el Mesías.

Sin embargo, pronto descubrieron que era necesario abrir los horizontes. El libro de los Hechos de los Apóstoles (10:22-27) nos cuenta la historia del centurión Cornelio, quien no era judío, pero recibió el Espíritu Santo, aceptó a Jesucristo y se bautizó junto con toda su familia. Al acompañarlos en este proceso tan importante, Pedro hace posible que Cornelio y su familia ahora pertenezcan a la Iglesia. En Cornelio está representada la humanidad.

- ¿Qué importancia le damos a compartir el evangelio a personas que no son como nosotros, que no hablan nuestro idioma y que comparten tradiciones culturales distintas a las nuestras?
- ¿Es posible que nuestra acción pastoral se haya vuelto autorreferencial?

La misión de la Iglesia es predicar la Buena Nueva a todos. Como nos recuerda san Pablo, para que se pueda escuchar la Buena Nueva, alguien tiene que anunciarla y predicarla. Nuestra Iglesia es cada vez más diversa, con un gran número de familias culturales que quieren escuchar el Evangelio. Por consiguiente, todos los agentes pastorales tienen la responsabilidad de que todos los católicos sean acompañados de la mejor manera posible para que sean auténticos discípulos misioneros del Señor. Al mismo tiempo, todos los católicos tienen la responsabilidad de acompañar al resto de la población católica en los Estados Unidos, tanto en nuestras comunidades de fe como en las periferias, para que también sean auténticos discípulos misioneros del Señor.

- ¿Qué tipo de ministerio se necesita en medio del ambiente culturalmente diverso actual?
- ¿Qué tipo de cambio (o "conversión pastoral") ha de ocurrir para que como Iglesia acompañemos más de lleno a todos los católicos en su experiencia de fe?

En el proceso de evangelización, el acompañamiento significa la proclamación de la Resurrección de Jesús y el cumplimiento de sus promesas. La Palabra de Dios nos ayuda a comprender nuestra propia historia como historia de salvación, y nos llena de alegría y esperanza.

En nuestra vida diaria . . . volvamos a aquella persona joven en nuestra familia que identificamos después de la sesión anterior. Acerquémonos a ella en actitud de acompañamiento. Comparte con ella un poco de tu experiencia. ¿Cómo te ha acompañado Dios en tu vida? Invítale a reflexionar sobre la diferencia que hay al entrar en relación con el Señor Jesús. Pregúntale si tiene inquietudes sobre la fe o sobre la Iglesia y qué pasajes de la Biblia le inspiran y le dan esperanza. A veces nos encontramos con personas, e incluso familias enteras, que nunca han siquiera escuchado el anuncio de que este Jesús, que fue crucificado y resucitado de entre los muertos, nos ofrece perdón, paz, y nueva esperanza. Y como nos recuerda el Papa Francisco, cuando acompañamos a otros en sus luchas, en un momento apropiado el Espíritu Santo nos inspirará compartir con ellos el anuncio del Evangelio. No deberíamos tener miedo de hacer esto (ver *Evangelii Gaudium*, no. 164).

En nuestra comunidad . . . volvamos a aquellas personas jóvenes que identificamos después de la sesión anterior en el barrio, en el trabajo, o en la comunidad de fe. Acerquémonos a ellas en actitud de acompañamiento y de compartir cómo Dios nos acompaña en nuestras propias vidas. Comparte con ellas un pasaje o enseñanza de la Biblia que nos anima y nos da esperanza. Identifica a una familia necesitada de escuchar la Buena Noticia y recibir ánimo para su caminar. Busca la manera de dialogar con ellas por un momento. Pregúntales cómo van las cosas. Pregúntales cómo está su familia. Háblales un poco sobre tu experiencia en el proceso de encuentro. Comparte brevemente cómo te ha acompañado Dios en tu vida. Invítales a reflexionar sobre la diferencia que hay al entrar en relación con el Señor Jesús. Pregúntales si tiene inquietudes sobre la fe o sobre la Iglesia. Invítales a ser curiosos.

En las periferias . . . vuelve a aquel lugar de periferia que visitaste la última vez y entra en conversación con las personas jóvenes que identificaste la semana pasada. Comprueba si hay posibilidad de encontrarte con las familias y llevarles un mensaje de bienvenida y esperanza. Sigue el mismo modelo de diálogo y acompañamiento sugerido para la acción anterior.

Celebrar

La Palabra del Señor es fiel.

Canto: "Oración de San Francisco" (Sebastián Temple).

[*El grupo reunido se dispone a recibir la Palabra de Dios. Hay varias velas encendidas y flores.*]

Líder 1

La Palabra de Dios viene a nosotros y a nuestras comunidades y nos encuentra donde estamos, para llevarnos al Señor. Por eso somos un pueblo peregrino, conducido por la Palabra. Este mensaje es el mismo que escucharon en tiempos pasados los patriarcas, los reyes y los profetas. Este mensaje lo escucharon los primeros cristianos, los padres del desierto, los santos y santas de nuestra Iglesia. Este mensaje lo conocieron nuestros abuelos y abuelas, los que nos enseñaron a rezar. También los pioneros de la Iglesia en EE.UU. y los líderes que comenzaron ministerios trataron de ser fieles a esta Palabra.

Líder 2

Reflexionemos sobre lo que es el Evangelio (*diferentes voces desde la asamblea*):

- La Buena Nueva de nuestra salvación
- Los relatos sobre Jesús que pasó haciendo el bien a todos
- Testimonio de los que vieron y tocaron al Verbo de la vida
- Un alimento, es lámpara que guía nuestros pasos
- Camino seguro
- Purificación, curación de nuestras heridas y renovación
- Espíritu y vida, palabras de vida eterna

Líder 1

Este mensaje llega hoy rodeado de luces, traído con alegría, como agua que refresca.

¡Demos la bienvenida a la Buena Noticia de Nuestro Señor Jesucristo!

[*Los participantes le dan la bienvenida una procesión con la Biblia. La persona que la trae la lleva en alto.*]

Los invito a recibir la Palabra de Dios, dándole el honor que merece. Con incienso elevemos nuestra petición a Dios para que el proceso de encuentro nos permita crecer como discípulos que escuchamos la Buena Nueva.

[*Canto. La procesión entra lentamente con luces, incienso, flores, la Biblia, que se deja abierta en la mesa que se le ha preparado de antemano.*]

Líder 2

Caminamos como parte del proceso de encuentro con la convicción de que una luz nos guiará en el camino. No es hoy "sí" y mañana "no". Es la palabra verdadera, que a algunos les ha traído consolación y esperanza y para otros ha sido como una brasa de fuego que purifica y consume.

Los invito a acercarnos a ella para pedir la gracia de ser fieles. Besemos con devoción este libro santo y tomemos dos brazaletes que nos recuerden la fidelidad de Dios, animados a compartir la misión de Dios de llevar la Buena noticia a nuestros hermanos y hermanas.

[*Todos pasan cantando y besan la Palabra y toman dos brazaletas para la familia con la que se van a encontrar.*]

Oración Final

Dios de vida y sabiduría, que siempre eres fiel a tus promesas y cumples todo lo que te propones. Acompáñanos en crear una cultura de encuentro, para que encontremos paso a paso tu mensaje de amor y de ternura. Por nuestro Señor Jesucristo, que es el rostro vivo de tu misericordia y nos ha dado tu Santo Espíritu para mantenernos fieles a ti, que vives y reinas por los siglos de los siglos. Amén.

Se entona el canto "Id y Enseñad" (Cesáreo Gabaráin) y se recita la Oración de Encuentro para terminar la sesión.

Misión

1. Invita a una persona de tu grupo a que te acompañe en la actividad misionera esta semana.

2. Decidan a qué familia que vive en las periferias planean visitar.

3. Comiencen el diálogo presentándose, dando un saludo de bienvenida y paz identificando la parroquia, movimiento eclesial u organización católica de la que son miembros.

4. Conozcan a la familia un poco más usando las preguntas propuestas para la acción misionera de la semana pasada.

5. Compartan su testimonio sobre cómo Dios les acompaña en su propia vida. Usen ejemplos basados en los siete dones del Espíritu Santo que se enumeran abajo: sabiduría, inteligencia, consejo, fortaleza, ciencia, piedad y temor de Dios.

6. Compartan un testimonio sobre cómo Dios les acompaña en sus vidas:

   • En el momento de contemplar el Misterio de Dios . . . Sabiduría

   • En el momento de entender las enseñanzas de la Iglesia con más claridad . . . Inteligencia

   • En el momento de distinguir y escoger el bien en nuestras vidas diarias . . . Consejo

   • En el momento en que se necesita valor para vencer las dificultades . . . Fortaleza

   • En el momento de conocer y cuidar el orden creado como un regalo de Dios . . . Ciencia

   • En el momento de experimentar la presencia de Dios y sentir su cariño infinito . . . Piedad

   • En el momento de sentirnos separados de Dios y resistir el mal . . . Temor de Dios

7. Continúen el diálogo. Invítenlos a compartir. ¿Han experimentado alguna vez la presencia de Dios en situaciones similares? Después de su visita, oren por aquella familia, ofrézcanles un brazalete de Encuentro y despídanse deseándoles la paz.

Sesión 4

Dando frutos de nueva vida

Objetivos

- Compartir los frutos que han generado las últimas tres semanas en la vida personal y comunitaria.
- Identificar frutos que aún deben lograrse en la comunidad de fe y dentro del territorio parroquial.
- Profundizar sobre los frutos del Espíritu Santo y su fuerza transformadora.
- Prepararnos para la acción misionera de la semana.

Símbolos

Velas (luz), Pan (compartido).

Preparar el ambiente

Antes de empezar la sesión se prepara el lugar de la reunión del pequeño grupo. Se ponen las sillas en círculo y en el centro se coloca una ilustración de un camino. Junto a ella se ponen una vela grande encendida que simboliza la presencia de Jesús y una canasta con panes para ser compartidos. También se coloca una veladorcita para cada persona, que será utilizada durante la oración final y será entregada a cada participante.

Oración

Se comienza la sesión con el canto "Ardía Nuestro Corazón" (Pedro Rubalcava) y con la Oración de Encuentro.

Introducción

Bienvenidos a la cuarta sesión del proceso de encuentro. En esta sesión compartiremos nuestras experiencias de los frutos que ha generado nuestro actuar misionero desde que comenzamos las sesiones del proceso de encuentro. Reflexionaremos sobre los frutos de la amistad, la alegría, la Eucaristía y la misión.

Se inicia la sesión con la lectura siguiente (Lc 24:29-33a):

"Quédate con nosotros, porque ya es tarde y pronto va a oscurecer". Y entró para quedarse con ellos. Cuando estaban a la mesa, tomó un pan, pronunció la bendición, lo partió y se lo dio. Entonces se les abrieron los ojos y lo reconocieron, pero él se les desapareció. Y ellos se decían el uno al otro: "¡Con razón nuestro corazón ardía, mientras nos hablaba por el camino y nos explicaba las Escrituras!" Se levantaron inmediatamente y regresaron a Jerusalén.

Después de unos momentos de reflexión en silencio, una persona asignada por el grupo comparte la siguiente reflexión sobre la lectura:

Dar frutos de vida nueva . . .

En esta parte del pasaje bíblico, los discípulos toman una decisión: invitan a quedarse con ellos a un forastero al que han llegado a conocer y en quien han llegado a confiar a lo largo del camino. Sabemos por experiencia que la naturaleza humana nos lleva a sentirnos a gusto con las personas que son de nuestra comunidad, que comparten nuestras creencias, costumbres, tradiciones y valores. También es parte de la naturaleza humana sentir sospecha o ponernos a la defensiva ante alguien de otra cultura o de otra nacionalidad. Esta desconfianza e incluso temor al extraño, era aun mayor para los judíos, quienes habían sufrido tanto a manos de otros pueblos incluyendo a los romanos, quienes dominaban la vida de los judíos con impuestos e injusticias en tiempos de Jesús. Es por nuestra naturaleza humana que las Escrituras tienen muchas referencias sobre tratar bien al extranjero, a ofrecerle hospitalidad, a no maltratarlos, pues también los judíos fueron extranjeros en Egipto.

Sin duda, los discípulos en el camino a Emaús vieron algo en aquel extranjero que les inspiró confianza. Quizás fue la manera en que este extranjero caminaba cerca de ellos, la manera en que les preguntaba de qué iban platicando, la manera en que los sacaba de su obsesión con tono amable pero directo, la manera de interpretar las Escrituras, la manera en cómo daba señales de seguir de largo. Quizás todos estos gestos de cercanía y de ternura fueron creando confianza entre el forastero y los discípulos, generando un sentido de familiaridad que culminaría en la fracción del pan alrededor de una mesa.

El hecho de que Jesús aceptara la invitación a quedarse con los discípulos, aun cuando no lo reconocieran, nos enseña a recibir agradecidos la confianza y el cuidado que las personas nos ofrecen al invitarnos a su casa, a comer con ellos, a seguir la conversación iniciada en la catequesis, en la celebración de algún sacramento, o en el camino donde los encontramos. En una palabra, aceptar la invitación a tener una experiencia de fe más íntima, de compartir el pan y de hacer amistad en su nombre, para que Jesús Resucitado se haga presente por medio de nosotros.

Éste es el momento que Jesús anticipó desde que salió en busca de sus discípulos y se unió a ellos en el camino a Emaús. Finalmente, Jesús está con sus discípulos en un ambiente seguro y de confianza alrededor de una mesa y dispuestos a compartir. El día ha sido largo e intenso, pero ahora están más relajados y se disponen a saciar su sed y a comer un poco antes de dormir. Los discípulos esperan seguir la conversación con el extranjero. Es en el gesto de partir y compartir de pan donde llega a su culmen la gracia de que Jesús caminara con ellos. Los ojos de los discípulos se abren y reconocen a Jesús Resucitado. De esta manera, los 'derrotados caminantes de Emaús' se llenan de alegría y esperanza y son re-comisionados como discípulos y misioneros, e inmediatamente regresan a Jerusalén a compartir las buenas nuevas del Evangelio, de Jesús Resucitado.

Nuestra labor pastoral nos ofrece muchas oportunidades de acompañar a tantas personas en la comunidad de fe y en las periferias. Este acompañamiento es obra de la gracia de Dios que nos invita y que genera frutos de amistad, de alegría, de hospitalidad, de solidaridad y de esperanza. La gracia del Señor Resucitado nos acompaña cuando acompañamos a otros, y nos lleva a la conversión personal y pastoral, tal como lo vemos en el pasaje de Emaús.

Ver

[*La persona que facilita invita a los participantes a disponerse a compartir a la luz de su experiencia y a escuchar con un corazón atento.*

El siguiente compartir se puede hacer de dos en dos, asegurándose que cuando una persona está compartiendo su experiencia, la otra escucha sin juzgar, ni hacer comentarios o dar consejos. Simplemente escucha con todos sus sentidos y con todo su corazón.]

1.

Consideremos por un momento cómo nuestra relación íntima con el Señor Jesús ha sido fuente de muchos frutos que hoy hacen posible que podamos dar testimonio como discípulos misioneros.

¿Cuáles son los espacios o momentos en los cuales te sientes más cercano(a) a Dios y a su Hijo Jesucristo? Describe un poco uno de esos espacios o momentos.

- ¿Cómo te sientes?
- ¿Qué descubres sobre Dios allí?
- ¿Qué descubres sobre ti?
- ¿Qué descubres sobre los demás?
- ¿Cómo te motivan estos espacios o momentos a vivir tu fe de manera más comprometida?
- ¿Cómo te sientes cambiado/transformado después de este encuentro personal con Jesús?

Si te pidieran identificar una o dos características que definen tu identidad como cristiano católico, ¿qué dirías? ¿Cuál dirías tú es una característica que identifica tu comunidad de fe como auténticamente cristiana? ¿Por qué escogiste esas características en particular?

[*Después de que las personas hayan compartido, la persona que facilita comparte con el grupo sobre la memoria histórica de la comunidad de fe local.*]

2.

Preguntas para los participantes

- ¿Cuál crees tú que es la contribución más notable que los católicos inmigrantes hacen a la Iglesia en los Estados Unidos?
- ¿Cuál crees tú que es el área en la que más influencia tienen los católicos en la sociedad estadounidense?
- ¿Qué desafíos enfrentan las personas en las periferias, especialmente los jóvenes,

para mantener su identidad religiosa y cultural en los Estados Unidos?

Juzgar

Fuimos creados para la gloria de Dios que es amor, relación. Cuando nos entregamos al servicio de los demás, estos dones fructifican y empiezan a impactar a otros. De este modo, damos testimonio como discípulos de Jesucristo en nuestras vidas. La Palabra de Jesús es lo que libera nuestro ser y nos guía con su vida y su presencia entre nosotros, a través del Espíritu Santo, para saber y poder liberar el amor de Dios en nosotros hacia el prójimo. De este modo, conocemos el amor de Dios hacia nosotros, al amar a nuestros prójimos con libertad. Dios alimenta a su Iglesia y al mundo con los dones que nos ha confiado. Cuando permitimos que estos dones se usen para el bien de los demás, por nuestras actitudes y comportamientos, y nuestras palabras y acciones, podemos ver cómo Jesús está presente en nuestras propias vidas.

Los cristianos compartimos la convicción de que la presencia del Espíritu Santo produce frutos evidentes en nuestras vidas. Con frecuencia hablamos de 12 frutos del Espíritu Santo: caridad, gozo, paz, paciencia, mansedumbre, bondad, benignidad, longanimidad, fidelidad, modestia, continencia y castidad.

Un discípulo misionero de Jesús, nos recuerda el Papa Francisco, "Encuentra la manera de que la Palabra se encarne en una situación concreta y dé frutos de vida nueva, aunque en apariencia sean imperfectos o inacabados. El discípulo sabe dar la vida entera y

jugarla hasta el martirio como testimonio de Jesucristo, pero su sueño no es llenarse de enemigos, sino que la Palabra sea acogida y manifieste su potencia liberadora y renovadora" (*Evangelii Gaudium*, no. 24).

¡Al árbol se le conoce por sus frutos! Si Cristo está en medio de nuestras comunidades, entonces seremos un reflejo y continuación de su obra salvadora y de su presencia sanadora. Como hizo en otro tiempo con los discípulos de Emaús, él parte para nosotros el pan eucarístico. Al mismo tiempo, como hizo con las multitudes hambrientas que se reunían en torno suyo (ver Jn 6:5-13), él parte para los más pobres el pan que alimenta el cuerpo. Nuestro encuentro con Cristo en la mesa de la Palabra y en la mesa de la Eucaristía se hace evidente en nuestro abrirnos al encuentro con Cristo en los pobres y más necesitados en medio de nosotros y en las periferias de nuestra sociedad.

Dios nos acompaña durante toda nuestra vida, y su presencia se hace patente y visible con nuestro Bautismo a través de los sacramentos y las expresiones de religiosidad popular. Su presencia se siente en nosotros cuando somos capaces de compartir generosamente nuestro tiempo, talento, riqueza y amor; cuando perdonamos y nos reconciliamos con quien nos ofende; al sentir y expresar misericordia y compasión hacia quien tiene necesidad de nuestra presencia y ayuda acompañada de palabras de aliento; al compartir nuestros bienes materiales; al compartir hospedaje en nuestra casa; al visitar a los enfermos y los encarcelados; al estar presente y consolar al que sufre; y al compartir la Buena Nueva de

Jesús por medio de acciones y palabras con quien no la conoce.

- ¿Qué frutos he dejado crecer en mí, nacidos de mi relación con Jesucristo y con quién los comparto?
- ¿Qué frutos de discípulo misionero estoy dando en mi vida ordinaria en mi familia, en la comunidad parroquial y en la sociedad?
- Dios actúa en la comunidad a través de cada uno de nosotros: ¿cómo estoy integrando en mí la Buena Nueva de Jesús y cómo la comparto con los demás?

Actuar

Las palabras de Jesús son muy claras: "Por sus frutos los reconocerán" (Mt 7:16). El testimonio cristiano no se puede quedar en palabras o simplemente buenas intenciones. Necesitamos actuar. Es urgente que nuestro compromiso cristiano se haga vida por medio de acciones específicas que se traduzcan en frutos de vida nueva. Los frutos del compromiso cristiano son expresión de que el Espíritu Santo sigue obrando en nuestras vidas y nuestras comunidades. Esos frutos nacen de nuestra unión íntima con el Señor: "Yo soy la vid, ustedes los sarmientos; el que permanece en mí, y yo en él, ése da fruto abundante, porque sin mí, nada pueden hacer" (Jn 15:5).

Según la tradición cristiana, una de las maneras más concretas de hacer vida los frutos de nuestra relación con Jesucristo como sus discípulos es vivir en plena solidaridad con Cristo en los pobres y necesitados: "'Vengan, benditos de mi Padre; tomen posesión del Reino preparado para ustedes desde la creación del mundo; porque estuve hambriento y me dieron de comer, sediento y me dieron de beber, era forastero y me hospedaron, estuve desnudo y me vistieron, enfermo y me visitaron, encarcelado y fueron a verme'" (Mt 25:34-36).

La opción preferencial por los más pobres y vulnerables ha sido un tema constante en las enseñanzas de la Iglesia Católica, y ¡sigue siéndolo! En un mundo cada vez más polarizado por las injusticias y desigualdad social, hoy más que nunca, estamos llamados como auténticos discípulos misioneros en los Estados Unidos a ser voz profética y a actuar concretamente en favor de los niños no nacidos, inmigrantes, los refugiados, las víctimas de tráfico humano, los obreros explotados por todo tipo de abuso, las personas que sufren discriminación, quienes viven en condiciones de pobreza extrema en los campos y las ciudades, las familias que experimentan dificultades para estar juntas, quienes sufren las más duras consecuencias de los cambios climáticos, y muchos otros hermanos y hermanas que son el rostro de Cristo y esperan que los acompañemos.

¿Por dónde comenzar? Vuelve a la persona, joven, o familia que identificaste al comienzo de este proceso, con la cual te involucraste y decidiste acompañar. Invítale a que te acompañe a:

1. Celebrar la Eucaristía en tu parroquia o comunidad local.
2. Observar cómo tu parroquia o comunidad sirve a los más pobres y vulnerables.

3. Considerar la posibilidad de ser parte de un grupo en tu parroquia o comunidad.

4. Invítale(s) también a ser voz profética y a actuar concretamente para dar frutos.

5. Ir a una periferia, en donde hay otras personas alejadas o en situaciones de necesidad para escuchar, involucrarse y acompañar.

Durante esta semana hagamos el compromiso misionero de salir a las periferias de la sociedad local y global.

Celebrar

Señor, tu Luz no se apaga y tu pan nos reconforta.

Canto: "Un Pueblo en Marcha" (Silvio Cuéllar) o "Sé Nuestra Luz" (Bernadette Farrell).

[*Se coloca una vela en alto, visible, y en la base unas canastas de pan, calculando para que alcance para los participantes. Entregue a cada participante su veladorcita.*]

Oración final

Líder 1

Los primeros cristianos se reunían la víspera del domingo al atardecer. El encargado de la comunidad encendía una luz principal en recuerdo de Cristo. entonaban cánticos a Cristo, Luz del mundo, y cada uno de los bautizados tomaba de aquella luz. A esta celebración la llamaban *lucernario*. También nosotros recordamos el atardecer de Emaús, y comenzamos nuestra oración diciendo:

Todos

Quédate con nosotros Señor, porque oscurece y no podemos ver.

[*Se enciende la vela grande.*]

Líder 2

Las tinieblas no son poderosas. Cuando es de noche, y perdemos la electricidad, nos preocupa desorientarnos, caer o romper algo. Basta una pequeña luz para devolver la confianza perdida.

En el mundo hay miles de hermanos, y a veces también nosotros, en las periferias sin luz. Bastaría un poco de la luz de Cristo en sus corazones, para devolverles el ánimo y la vida.

Debemos repetirnos una y otra vez: las tinieblas no deberían tener poder, y sus obras, tampoco. La injusticia no debería tener fuerza; basta algo de valor y se la puede vencer. La mentira no debería tener poder; basta una chispa de verdad y queda derrotada. Roguemos por todos los que están lejos de la luz.

Padre de la luz, acércanos cuando nos alejamos del amor—que podamos cruzar nuestras propias periferias.

R/. Brille la luz de Cristo.

Padre de la luz, ilumínanos cuando estamos equivocados, que reconozcamos el camino de la verdad.

R/. Brille la luz de Cristo.

Padre de la luz, levántanos cuando caemos en algún vicio, para que recuperemos la salud.

R/. Brille la luz de Cristo.

Padre de la luz, libera a los prisioneros para que regresen a la vida.

R/. Brille la luz de Cristo.

Padre de la luz, fortalécenos cuando nos sentimos débiles y faltos de ánimo, para que nos nutramos del evangelio.

R/. Brille la luz de Cristo.

Padre de la luz, reanímanos cuando nos sentimos rechazados e incomprendidos para que recuperemos la dignidad.

R/. Brille la luz de Cristo.

Padre de la luz, danos impulso cuando estamos tibios para que demos fruto abundante con nuestras obras.

R/. Brille la luz de Cristo.

Líder 1

Tú Señor, el día de mi Bautismo, encendiste para mí una luz. Nos has sacado de las tinieblas llamado por nuestros nombres: para ser luz contigo.

Todos

Aquí estamos, reunidos en tu nombre. Somos tus discípulos misioneros. Envíanos a ser luz.

[*Canto. Pasan a encender su vela.*]

Líder 2

Señor Jesús, sabemos por la fe que caminas con nosotros. Tú no necesitas de nuestra hospitalidad; sin embargo, regalas tu amistad cuando te invitamos a la humildad de nuestra casa.

Todos

Quédate con nosotros Señor, y bendice nuestra mesa.

Líder 1

Señor Jesús, caminamos a tu lado sin saber que eres el Pan Vivo bajado del cielo, pan que nutre y devuelve las fuerzas a los agobiados por el camino de la vida. Eres pan que se entrega, eres pan que se parte como ofrenda de solidaridad y pan que se comparte en amistad sincera.

Todos

Señor, danos de tu pan para trabajar los frutos de la luz: paz, justicia y verdad.

[*El líder dice*: Como comunidad de fe, celebramos la Misa que nos trae la presencia real de Cristo como Pan de vida. En nuestras vidas diarias, compartimos otro tipo de pan: el pan de la solidaridad y la hospitalidad, y el pan partido con los pobres. Eso nos recuerda que somos parte de una comunidad. En este momento aquí no estamos celebrando la Eucaristía sino compartiendo el pan como símbolo de nuestra unión.]

[*Se parte y se comparte el pan entre los presentes.*]

Líder 2

Señor, concede a todos los que participen en el proceso de encuentro trabajar por la justicia, escuchar tu voz en las quejas de los pobres. Que tu luz abra nuestros ojos para reconocer los gestos inconfundibles del Amigo. Que la Eucaristía nos nutra para extender hospitalidad a los demás y enfrentarnos a la adversidad con fortaleza.

Todos

Queremos ser Iglesia en salida. Queremos ser Iglesia misionera. Queremos dar fruto abundante.

Líder 1

Cristo, imagen perfecta del Padre, así como los discípulos te reconocieron al partir el pan, tú también nos conoces a nosotros, en la medida que sabemos compartir nuestro pan con el hambriento, nuestro vestido con el desnudo, nuestro techo con el extranjero, nuestra presencia con los enfermos y encarcelados. Haz que algún día, escuchemos de tu divina boca, la bienvenida a tu casa: ¡Ven bendito de mi Padre, comparte este lugar reservado para ti, desde antes de la creación del mundo! El anhelo más grande de nuestro corazón es que nos encuentres cargados de

frutos abundantes y que esa cosecha sea celebrada en unión con el Padre y con tu Espíritu Santo, por los siglos de los siglos.

Todos

Amén.

Se entona de nuevo el canto "Quiero Responder Que Sí" (Jaime Cortez) y se recita la Oración de Encuentro para terminar la sesión.

Misión

Esta semana, hagamos el compromiso misionero de ir a las periferias de nuestra comunidad local o global. ¿Qué podemos hacer para hacer vida nuestra acción misionera? He aquí algunas sugerencias prácticas:

- Visita un asilo de ancianos; una prisión; un hospital; un enfermo que no puede salir de su casa; una familia campesina; o un adulto joven que viva solo.
- Da de comer al hambriento y vive en solidaridad global a través de Catholic Relief Services (CRS) Plato de Arroz: *http://crsplatodearroz.org/solidaridad*.
- Explora un poco más sobre algunos esfuerzos de servicio social que ofrece la Iglesia católica en los Estados Unidos:

  - Comunidades de Sal y Luz: *http//www.wearesaltandlight.org*
  - Caridades Católicas: *https://catholiccharitiesusa.org*
  - Campaña Católica para el Desarrollo Humano (CCHD): *http://www.usccb.org/about/catholic-campaign-for-human-development*

- Justicia para los Inmigrantes: *http://www.justiceforimmigrants. org/en-espanol.shtml*
- Actividades de USCCB Pro-vida: *www.usccb.org/prolife*
- Catholic Legal Network – Red Legal Católica/Clinic: *https://clinic-legal.org*
- Catholic Climate Covenant: *http:// www.catholicclimatecovenant.org/ espanol*
- Visita la página electrónica de tu (arqui)diócesis o de la Conferencia de Obispos Católicos de los Estados Unidos (*http://www.usccb. org*) para aprender sobre proyectos a nivel local y nacional para defender la vida, combatir la pobreza, educar las nuevas generaciones, confrontar el tráfico de personas, etc.

Sesión 5

Festejando la alegría de ser discípulos misioneros

Objetivos

- Compartir lo aprendido de la experiencia misionera de la semana anterior.
- Festejar algún evento importante en la vida de cada miembro del grupo pequeño.
- Profundizar sobre la importancia de festejar eventos grandes y pequeños en la vida con gratitud y alegría.
- Prepararnos para la quinta acción misionera con énfasis en festejar.

Símbolos

Cruz de Encuentro.

Preparar el ambiente

Antes de empezar la sesión se prepara el lugar de la reunión del pequeño grupo. Se ponen las sillas en círculo y en el centro se coloca una ilustración de un camino. Junto a ella se ponen una vela y la Biblia abierta. Prepare una cruz de papel blanco para cada participante y cinta adhesiva. También se coloca una canasta con cruces de Encuentro para ser entregadas a cada participante del pequeño grupo durante la oración final. Para la oración va a necesitar una cruz grande y una guirnalda de flores o algo similar.

Oración

Se comienza la sesión con el canto "Santa María del Camino" (Juan Antonio Espinosa) y con la Oración de Encuentro.

Introducción

Bienvenidos a esta quinta y última sesión del proceso de encuentro. Hemos caminado juntos como pequeño grupo y ahora empezamos a ser una pequeña comunidad misionera. El enfoque de hoy es festejar con gratitud y alegría los logros, y celebraciones grandes y pequeñas de nuestras vidas. Con esta sesión somos enviados una vez más a salir al encuentro de quienes más lo necesitan. También iniciamos el proceso de preparación para la celebración de nuestro Encuentro Parroquial, o en cualquier otro ambiente eclesial.

Se inicia la sesión con la lectura siguiente (Lc 24:32-35):

> "¡Con razón nuestro corazón ardía, mientras nos hablaba por el camino y nos explicaba las Escrituras!" Se levantaron inmediatamente y regresaron a Jerusalén, donde encontraron reunidos a los Once con sus

compañeros, los cuales les dijeron: "De veras ha resucitado el Señor y se le ha aparecido a Simón". Entonces ellos contaron lo que les había pasado en el camino y cómo lo habían reconocido al partir el pan.

Después de unos momentos de reflexión en silencio, una persona asignada por el grupo comparte la siguiente reflexión sobre la lectura:

Festejar la alegría de ser discípulos misioneros…

La última acción que realiza Jesús en este pasaje es desaparecer ante los ojos de sus discípulos poco después de que lo reconocen. Sin embargo, el pasaje muestra a los discípulos radiantes y listos para retomar su discipulado misionero. Los discípulos rebosan de alegría al reconocer a Jesús. Sus ojos y corazones están abiertos a la verdad de la resurrección. La certeza de que Jesús vive los lleva a reconocer que Jesús ha estado con ellos prácticamente todo el día, y no se sorprenden ni se desconciertan cuando Jesús desaparece. Por el contrario, los discípulos mantienen su alegría y comparten entre ellos como se sentían en el camino mientras el forastero les interpretaba las Escrituras, y expresan asombrados: "¿acaso no ardían nuestros corazones…?" Esta expresión enfatiza que su fe se avivó al escuchar la Palabra de Dios. Esta experiencia de conversión toca la mente y el corazón de los discípulos, y los va preparando para reconocer a Jesús Resucitado en la fracción del pan. Sobre todo, los va preparando para entender que ellos, y toda la comunidad de discípulos, constituyen desde

ese momento el cuerpo de Cristo, la Iglesia, en el mundo.

Jesús ha estado con ellos prácticamente todo el día, pues se necesitan más de tres horas para recorrer la distancia entre Jerusalén y Emaús. ¿Qué más puede hacer Jesús para dar ejemplo y enseñar a sus discípulos todo lo que tienen que saber y hacer para cumplir con su misión? Jesús desaparece en ese momento porque sus discípulos ya no necesitan verlo para creer que ha resucitado. Tampoco lo necesitan para que les explique las Escrituras de nuevo o les diga cómo retomar la misión de evangelizar, o qué hacer en ese momento.

Por la gracia duradera de la presencia del Señor Resucitado en medio de ellos, se les confía el tomar decisiones para el futuro, empezando con su regreso inmediato a Jerusalén. Jesús sabe que ese encuentro, ese momento íntimo de reconocimiento, los llevará a la conversión, a construir la comunidad de discípulos, a vivir en solidaridad unos con otros y a entregarse a la misión permanente de anunciar la Buena Nueva a todos los pueblos, movidos por sus corazones ardientes.

Esta llamada urgente a la misión es la que lleva a los discípulos a levantarse inmediatamente de la mesa para iniciar su camino de regreso a Jerusalén. Pensemos en lo difícil que fue para los discípulos caminar por varias horas en la oscuridad de la noche, por un camino solitario y posiblemente peligroso. Sin embargo, la urgencia de encontrar al resto de los discípulos para compartirles la gran noticia de Jesús Resucitado, no puede esperar hasta el otro día. Sus corazones ardientes van alumbrando el camino desde el interior, y la fe en Jesús los libera del miedo y del cansancio. Los peligros que puedan correr, e incluso la posibilidad de su propia muerte, han adquirido un sentido muy distinto a la luz de la promesa de la Resurrección.

Para estos dos discípulos, la vida y los hechos que la van conformando han adquirido un significado nuevo. El miedo, el desconcierto, la duda y la tristeza con que dejaron Jerusalén apenas unas horas antes, han desaparecido totalmente de su mente y de su corazón. En su regreso a Jerusalén, van con ojos bien abiertos y animados por sentimientos de alegría (¡Y qué alegría!) y esperanza, rebosantes de fe y de amor por Jesús, por los demás discípulos, por la vida misma que triunfa sobre la muerte. Los discípulos saben que ellos son ahora los ojos, los pies y las manos de Jesús en el mundo. Ellos son ahora los forasteros que salen al encuentro de quienes van sin esperanza por el camino de la vida, y los acompañan con cercanía y ternura compartiendo las Escrituras, aceptando su invitación a quedarse con ellos y compartiendo el pan del amor en Cristo Resucitado.

El regreso de los discípulos a Jerusalén puede ser motivo de gran inspiración misionera para nosotros hoy. Imaginemos que salimos de Misa, enviados a encontrar a los demás en su camino por la vida, y acompañarlos, tal como lo hizo Jesús con los discípulos de Emaús, y como lo han hecho los discípulos de Jesús por casi dos mil años, de generación en generación. Esta acción misionera implica tomar la decisión de ponerse en marcha y salir al encuentro de los demás y acompañarlos

como los discípulos misioneros de hoy. Vivir y entender la misión de la Iglesia como una Iglesia en salida, inspirada en un compromise pastoral con el Cristo Resucitado en medio de ella, a quien está llamada a encontrar y acompañar. Esta es la Iglesia que vive y propone el papa Francisco en cada acción, gesto y mensaje de su vida. Su secreto consiste en la profunda y libre convicción de que él, y todos los bautizados, son los ojos, las manos y los pies de Jesús en el mundo.

La última escena que pinta este pasaje muestra a los discípulos de Emaús compartiendo con otros discípulos en Jerusalén la Buena Nueva de que han visto a Jesús Resucitado. Otros discípulos también han visto a Jesús y hay gran regocijo entre todos ellos. Es importante recalcar que los recién llegados, y seguramente cansados discípulos de Emaús, mencionan concretamente cómo Jesús les interpretó las Escrituras y cómo lo reconocieron al partir el pan. Estas dos realidades, Palabra y Sacramento, son inseparables en el encuentro con Jesucristo Vivo que lleva a la conversión, a la comunión y a la solidaridad en la comunidad misionera de discípulos reunida en Jerusalén.

Ver

[La persona que facilita invita a los participantes a disponerse a compartir a la luz de su experiencia y a escuchar con un corazón atento.

El siguiente compartir se puede hacer de dos en dos, asegurándose que cuando una persona está compartiendo su experiencia, la otra escucha sin juzgar, ni hacer comentarios o dar consejos.

Simplemente escucha con todos sus sentidos y con todo su corazón.]

1.

Como discípulos misioneros de Jesucristo, reconocemos que son muchas las bendiciones que hemos recibido y ahora se nos llama a compartir con otros por medio de nuestro testimonio. Compartamos con entusiasmo la importancia de celebrar las grandezas que Dios ha hecho en nuestras vidas.

- ¿Por qué le das gracias a Dios en este momento de tu vida? (menciona una o dos razones por las que estás agradecido por esto)
- ¿Cómo celebras con tu familia y tus amigos los momentos más especiales?
- ¿Cómo describirías la alegría que sientes al celebrar un momento importante en tu vida o en la vida de alguien a quien amas?
- ¿Qué elementos de nuestra fe cristiana nos invitan a celebrar?
- ¿Conoces a alguien que esté experimentando dificultades o tristezas? ¿Qué puedes hacer para compartir con esta persona la alegría que Dios ha traído a tu vida y acompañarle?

[*Después de que las personas hayan compartido, la persona que facilita comparte con el grupo* *sobre la memoria histórica de la comunidad de fe local.*]

2.

Preguntas para los participantes

- ¿Conoces a alguna una persona en tu familia o en otro contexto que haya logrado algo extraordinario que valga la pena festejar? ¿Sabes si ese logro fue inspirado por su fe cristiana?
- ¿Cuál es la celebración más grande que tiene tu comunidad de fe? Descríbela. ¿Qué hace que esta celebración sea especial?
- ¿Qué puede hacer tu parroquia o comunidad de fe para incorporar más de lleno la manera de festejar de diversos católicos?
- ¿Cómo se incorporan las expresiones de religiosidad popular y las tradiciones culturales de los diferentes grupos en tu comunidad de fe?
- ¿Qué recomiendas para que estas expresiones religiosas y culturales sean más profundamente apreciadas entre las nuevas generaciones de católicos?

Juzgar

Festejar es celebrar lo que nos es importante como personas y como comunidad. Es una expresión profundamente humana que exige que estemos presentes unos a otros. Es interesante observar que el primer signo revelador o milagro en la vida de Jesús fue en una boda, un evento que normalmente involucra música, comida y bebida, baile y mucha alegría.

El Papa Francisco afirma que "la comunidad evangelizadora gozosa siempre sabe "festejar". Celebra y festeja cada pequeña victoria, cada paso adelante en la evangelización. La evangelización gozosa se vuelve belleza en la liturgia en medio de la exigencia diaria de extender el bien. La Iglesia evangeliza y se evangeliza a sí misma con la belleza de la liturgia, la cual también es celebración de la actividad evangelizadora y fuente de un renovado impulso donativo" (*Evangelii Gaudium*, no. 24).

Nuestros festejos religiosos tanto por medio de la liturgia como de la religiosidad popular reconocen a Jesús Resucitado y los frutos de vida nueva de aquellos que le festejan. Junto con la celebración de la Eucaristía, el Bautismo, el Matrimonio y los demás sacramentos, son muchas las expresiones religiosas que nos ayudan a festejar que Dios camina con nosotros y ha hecho cosas grandes en nuestras vidas: imágenes religiosas de Jesús, María y los santos; celebraciones especiales dentro del año litúrgico como el Adviento, la Navidad, el día de todos los santos, el día de todos los difuntos, la Epifanía, la Virgen de Guadalupe, la Cuaresma, la Pascua, etc.

El cristiano es agradecido por todo lo que Dios le da y lo festeja. Hoy en día se nos invita de manera especial a ser agradecidos por el orden creado. El festejar es el reconocer que somos necesitados de Dios y que necesitamos agradecerle a través del encuentro con otro(s) en forma festiva, ya que Dios está ahí con nosotros, en nuestros logros y en los fracasos

también. Una "Iglesia en salida" es una Iglesia que festeja que el Señor la acompaña y que, por su presencia le ha dado muchos frutos.

Los discípulos en el camino de Emaús recibieron gracia y fuerza del don misterioso del Cristo resucitado en medio de ellos, y él se les manifestó plenamente en el partir el pan. La Eucaristía dominical de la parroquia es precisamente donde nosotros como discípulos de muchas culturas y orígenes recibimos la gracia y la fuerza para salir a ser discípulos misioneros. En la Eucaristía dominical, el Señor Jesús mismo nos enseña las Escrituras, nos da luz para reconocer su presencia, nos nutre con su sacrificio y nos envía. Es en la Eucaristía donde somos conformados en el don que recibimos, el Cuerpo de Cristo. La misión que nos entrega depende en todo momento de su gracia que nos acompaña en nuestro camino.

Preguntas para la reflexión:

¿Cómo puedo ser testimonio y fruto cristiano ante la sociedad con la forma como festejo y como respeto a mi prójimo? ¿Reconozco en Jesús el motivo de mi festejo? ¿Me acuerdo de los más pobres y necesitados cuando festejo? ¿Me he reconciliado con quien he tenido alguna dificultad antes de celebrar?

Actuar

En esta última sesión del proceso de encuentro reflexionamos sobre nuestra experiencia como discípulos misioneros, saliendo al encuentro de nuestros hermanos y hermanas. Pedimos que el Espíritu Santo grabe a fuego la

Palabra de Dios en nuestras mentes, nuestros corazones, y en todo nuestro ser. También le pedimos que estemos profundamente arraigados en la Iglesia caminando en fe, esperanza y amor con el Santo Padre, nuestros obispos y pastores y todos los santos, con las palabras en el corazón: "Vayan, pues, y enseñen a todas las naciones, bautizándolas en el nombre del Padre y del Hijo y del Espíritu Santo, y enseñándolas a cumplir todo cuanto yo les he mandado; y sepan que yo estaré con ustedes todos los días, hasta el fin del mundo" (Mt 28:18-20).

¡Nunca estamos solos en nuestra salida misionera como comunidad! ¡Cristo está siempre presente en una comunidad evangelizadora! Él no dice: "Ve", individualmente, sino: "¡Vayan como comunidad!" ¡Vayan sin miedos y sin dudas porque Cristo estará con nosotros hasta el fin de los tiempos!

En el corazón de algunos líderes laicos podría persistir la duda: ¿Tengo los talentos y la capacidad para llevar adelante la salida misionera? ¿No será esto algo que debo dejar en manos otros mejores preparados que yo? ¿Debería simplemente compartir mi fe con los de mi propia parroquia o comunidad étnica? ¡No! ¡Esta es la vocación de todos y cada uno de los que formamos la Iglesia de Cristo! El proceso de encuentro es una nueva experiencia de Pentecostés en la vida de la comunidad de fe, un pentecostés del que nadie está excluido.

El Espíritu nos impulsa a asumir un rol protagónico tanto en la pastoral de la Iglesia en los Estados Unidos como más allá de sus fronteras. Todos los católicos tenemos la responsabilidad de conocer y sostener, dentro de nuestras posibilidades, a la comunidad de fe local: parroquia, movimiento, etc. Al mismo tiempo, todos estamos llamados a vivir en solidaridad, haciendo una opción preferencial por los más pobres en el mundo, y a apoyar la misión evangelizadora de la Iglesia en todas las naciones.

Una manera de llevar nuestra vida a la acción es festejando de manera sencilla, en la vida diaria, el hecho de que Dios nos llama a ser sus discípulos misioneros. Esta semana . . .

- Prepara una celebración especial con tu familia: una cena, una salida juntos, una noche de compartir, un brindis para reconocer las bendiciones de Dios durante el último año, etc.
- Invita a tus familiares, especialmente a la persona joven con quien compartiste durante esta experiencia de Encuentro, a ir a Misa juntos.
- Invita al grupo de jóvenes, o grupo de personas en las periferias con quienes compartiste durante las últimas semanas, a tomar un café o un té, o a compartir una comida. Invítale(s) a una actividad de celebración a la parroquia —puede ser el Encuentro Parroquial— y, si están dispuestos, a la Misa.
- Únete a los esfuerzos de preparación y celebración del Encuentro Parroquial
- Usa algunas de las acciones misioneras propuestas para la Sesión 4 que no hayas realizado todavía.
- Discierne, haz una lista y determina la prioridad de los compromisos que podemos hacer como parroquia o

como grupo para crecer como discípulos misioneros, e identificar áreas urgentes que necesitan atención a nivel diocesano.

Celebrar

¡Con la Cruz, venceremos!

Canto: "Amor de Dios" (Bob Hurd) o "Todas Nuestras Vidas" (Jaime Cortez).

[*Se prepara en el centro una cruz grande, visible para todos. Aparte se tienen preparados una guirnalda de flores y un lienzo blanco. A cada participante se le entregará una cruz blanca de papel.*]

Líder 1

Hermanos y Hermanas: Al llegar a la quinta jornada del proceso de encuentro, estamos invitados a venir y contemplar la cruz. La Iglesia nos ha invitado a venerar la cruz, no como un objeto, ni como un símbolo decorativo, sino porque la Cruz fue la máxima prueba de Jesús, su "sí" definitivo al Padre. La Cruz fue su Amén a la voluntad del Padre y su firma de amor para con su pueblo. Jesús crucificado es un puente entre Dios y nosotros que nos devuelve al camino verdadero. Jesús resucitado nos da el verdadero sentido de nuestra vida.

Líder 2

Todos participamos en el misterio de la Muerte y Resurrección de Jesucristo. San Pablo enseñó con insistencia que la Cruz es el resumen de la obra salvadora de Cristo. La cruz es el Árbol de la Vida cuyo fruto es la vida nueva por medio de la Resurrección.

Escribamos algunos de los signos de vida y resurrección que nos hemos encontrado en este camino que hemos hecho en las últimas cinco semanas.

[*Breve silencio para escribir en las cruces de papel.*]

Pongamos ahora nuestra cruz, unida a la Cruz de Jesús para compartir su misterio.

[*Se tienen preparadas tirillas de cinta adhesiva y mientras se canta, los participantes pegan sus cruces de papel sobre la cruz de Cristo.*]

Líder 1

Las primeras comunidades cristianas reflexionaron sobre la Cruz como un árbol de vida. Adán perdió la amistad de Dios por los frutos de un árbol y Jesús nos devolvió la esa amistad, trayéndonos la salvación por el perdón de nuestros pecados por el árbol de la Cruz. Uno de los himnos más antiguos invitaba a ver el árbol de la cruz, como el mejor árbol que tuvo como hojas, flores y frutos, los clavos y la sangre de nuestro Salvador. "¡Dulce árbol donde empieza la vida!"

Les invito a poner nuestros ojos en este árbol, con admiración. La Cruz debe llenarnos de asombro. Así de grande fue la ternura y la caridad de Dios para con nosotros. Y vamos a examinar todos los frutos que los católicos han dado para mantener la vida pastoral en los Estados Unidos. Nuestro pueblo ha tenido profetas que sostuvieron su trabajo por la dignidad sostenidos y apoyados de la cruz de Cristo.

[*Uno o dos participantes ponen la guirnalda de flores y el lienzo blanco de resurrección sobre la cruz.*]

Líder 1

"Para ser evangelizadores de alma también hace falta desarrollar el gusto espiritual de estar cerca de la vida de la gente. La misión es una pasión por Jesús, pero, al mismo tiempo, es una pasión por su pueblo. Cuando nos detenemos ante Jesús crucificado, reconocemos todo su amor, que nos dignifica y sostiene, si no somos ciegos. La mirada de Jesús se amplía y se dirige llena de cariño y ardor hacia todo su pueblo. Así redescubrimos que él nos quiere tomar como instrumentos para llegar cada vez más cerca de su pueblo amado. Nos toma de en medio del pueblo y nos envía al pueblo, de tal modo, que nuestra identidad no se explica, son esta pertenencia" (*Evangelii Gaudium*, no. 268).

Voces desde la asamblea

- Señor, traemos ante ti la vida de nuestras familias, comunidades y amigos; que compartamos con ellos los frutos de tu Cruz.
- Señor, hemos compartido en el camino el ardor de nuestro corazón con quienes nos hemos encontrado. Que sigamos siendo testigos del misterio de tu Cruz.
- Señor, tú nos salvaste dando tu vida por nosotros; que, al unir nuestras vidas a tu Cruz, seamos instrumentos de tu salvación en el mundo.

- Señor, tú explicaste las Escrituras a los discípulos en el camino a Emaús para que entendieran el misterio de tu Pasión; que tu Palabra sea luz en el camino.
- Señor, el caminar contigo ha llenado nuestros corazones de alegría. Que tu cruz siempre nos anime a ser determinados en el compartir esa alegría con otros.
- Señor, tú transformaste la muerte y el sufrimiento en victoria y vida; que nuestros corazones se llenen de esperanza y fortaleza al ir al mundo a anuncia la Buena Nueva.
- Señor, en la cruz tú acogiste a toda la humanidad con amor infinito; que seamos inspirados por tu cruz para acoger a todos los católicos en nuestras comunidades que son la Iglesia en los Estados Unidos.

Todos

Quédate con nosotros Señor, y llénanos de tu luz. Caminar contigo es redescubrir la Pascua.

Líder 2

Hermanos, antes de recibir la Cruz de Encuentro, vamos a signarnos unos a otros en la frente, como lo han hecho por generaciones los hispanos, deseando para todos la bendición de Dios.

[*Todos hacen la Señal de la Cruz sobre los próximos y dicen:* "Hermano(a), que Dios te bendiga; sigue siendo un fiel discípulo misionero de Jesucristo".]

[Comienza el canto y luego los participantes se acercan para recibir la cruz de Encuentro.]

Líder 2

Te rogamos Señor, nos permitas continuar las etapas del proceso de encuentro. Concédenos crecer en tu amistad hasta identificarnos contigo, como verdaderos discípulos, y seguir anunciando tu Evangelio. Que nuestra conducta refleje los frutos de la Cruz y cada una de nuestras acciones te glorifique. Escucha nuestra oración y la oración de tu Iglesia en los Estados Unidos, por tu Hijo Nuestro Señor Jesucristo, que nos dio al Espíritu Santo para guiar nuestro camino hacia ti, y vive y reina contigo por los siglos de los siglos. Amén.

Se entona el canto "Nuestra Alegría" (Iván Díaz) y se recita la Oración del Encuentro para terminar la sesión.

Misión

Los participantes del grupo salen una vez más de dos en dos a seguir llevando la Buena Nueva de Jesucristo a las personas que encontraron en las periferias desde que comenzó el proceso. Les harán una invitación a participar en el Encuentro Parroquial. Se recomienda que cada parroquia diseñe un volante o un mensaje electrónico para la página web de la parroquia para asegurarse que los feligreses tienen la fecha, la hora y el lugar del Encuentro Parroquial.

Preguntas para el equipo parroquial de discernimiento pastoral

Las preguntas siguientes pueden ser usadas por los líderes para discernir la mejor respuesta pastoral a la experiencia de Encuentro.

Escuchando la voces de las personas que viven en las periferias

1. ¿Cuáles son las esperanzas y sueños mas significativos expresados por las personas que viven en las periferias?

2. ¿Cuáles son los obstáculos que previenen a los que viven en las periferias alcanzar todo su potencial en la sociedad estadounidense?

3. ¿Cómo puede la Iglesia católica estar mas presente en sus vidas?

4. ¿Qué dones y talentos ofrecen a la Iglesia católica y al bien común de toda la sociedad?

Escuchando las voces de la comunidad de fe

1. ¿Hasta qué punto nuestra comunidad de fe ofrece un espacio que sinceramente permite a todos los católicos sentirse que pertenecen y que pueden tomar decisiones y contribuir?

2. ¿Qué necesitamos hacer para incrementar su sentido de bienvenida, pertenencia, corresponsabilidad?

3. ¿De qué manera nuestra comunidad de fe acompaña a los jóvenes, nacidos en los Estados Unidos e inmigrantes, afirma sus experiencias y dones? ¿Qué necesitamos mejorar para que esto sea una realidad?

4. ¿Cómo acompaña nuestra comunidad de fe a las familias, especialmente las que sufren por razones de pobreza, las que están separadas por razones migratorias y de encarcelamiento, y las que cuidan a personas mayores o enfermas?

5. ¿Qué debemos hacer para fomentar una pastoral familiar que auténticamente apoye a las familias?

6. ¿Qué hace nuestra comunidad de fe para buscar y acompañar a los católicos que se han alejado de la fe y aquellos que viven en situaciones de riesgo? ¿Qué necesitamos cambiar para que estos católicos sean prioridad en nuestras actividades de evangelización?

7. ¿Qué hacemos para promover a nuestros líderes en nuestra comunidad de fe y cómo les acompañamos en su crecimiento? ¿Qué clase de compromisos e inversión son necesarios para que más católicos disciernan la vocación al servicio como sacerdotes, religiosas/os y agentes pastorales laicos en servicio de toda la Iglesia y del bien común?

8. ¿Qué hacemos, como comunidad de fe, para promover los valores y dones de todos los católicos, para que tengan un impacto positivo en la sociedad? ¿Qué podemos hacer para aumentar este impacto?

Instrucciones para planear el Encuentro Parroquial

. . . .

El Encuentro Parroquial es una oportunidad para:

- Reunir a los miembros de los distintos grupos que participaron en las cinco sesiones para compartir lo que experimentaron en el proceso de reflexión, discernimiento y evangelización.
- Reflexionar juntos sobre la Iglesia y las realidades sociales y culturales que interpelan a la Iglesia.
- Proponer respuestas prácticas a necesidades específicas como parte de un proceso de reflexión y discernimiento.
- Asumir compromisos concretos para avanzar la Nueva Evangelización como parroquia y como pequeñas comunidades y otros grupos.
- Celebrar por medio del nuestro compartir, de la oración y de la Eucaristía.

Los Encuentros Parroquiales pueden planearse como eventos de un día (alrededor de 8 horas), concluyendo idealmente con la celebración de la Eucaristía.

La siguiente es la estructura recomendada para el Encuentro Parroquial:

- Inscripción (30 minutos)
- Introducción, bienvenida y oración (1 hora)
- Presentación 1: "Primerear e involucrarse". Una reflexión hecha por un agente pastoral que normalmente acompañe a la comunidad de fe. La presentación resalta las bendiciones de ser discípulos misioneros e identifica oportunidades para evangelizar. (30 minutos)
- Descanso (15 minutos)
- Compartir en pequeños grupos (45 minutos):
  1. Comparta algunas de las bendiciones que usted experimentó durante las 5 sesiones como discípulo misionero tanto a nivel personal como en la vida de la parroquia.
  2. Identifique qué necesitamos como comunidad para continuar viviendo esta llamada.
- Plenaria (30 minutes)
- Almuerzo (1 hora)
- Presentación 2: "Dar frutos". Una presentación motivacional por un líder nuevo en la cual reflexione sobre la llamada de Dios a evangelizar, comenzando con su encuentro personal con Dios y cómo le llevó a compartir su dones, talentos y limitaciones personales, y su caminar como don para la Iglesia. (30 minutos)
- Grupos pequeños: En base a las preguntas generadas por las acciones misioneras, discernir, hacer una lista y organizar en orden de prioridad aquellas cosas que podemos hacer como parroquia para crecer como discípulos misioneros e identificar áreas urgentes que necesiten respuestas más allá de la parroquia. (1 hora)
- Descanso (15 minutos)
- Plenaria: Basado en las respuestas generadas de las preguntas para

discernimiento pastoral, ¿qué se necesita avanzar a nivel parroquial? Identifique de 3 a 5 áreas de mayor necesidad y organícelas en orden de prioridad. (45 minutes)

- Preparación para la Misa (30 minutes)
- "Festejar" (1 hora)
- Celebración de la Misa—Presidida por el párroco

PARTE III

Recursos para Crear una Cultura de Encuentro

Metodología y espiritualidad del proceso de encuentro

Creando una Cultura de Encuentro sigue la metodología evangelizadora que Jesús mismo nos enseña en el pasaje bíblico de los discípulos que van camino a Emaús. Esta metodología también refleja los cinco movimientos de una pastoral de encuentro que el Papa Francisco presenta a la Iglesia en *La alegría*

del Evangelio: Primerear, involucrarse, acompañar, dar fruto de vida nueva y festejar.

Dar el primer paso

La primera acción que realiza Jesús es unirse a los discípulos en su caminar. Con esta acción, Jesús da el primer paso, primerea a los discípulos saliendo a su encuentro. Jesús se acerca a ellos con profundo respeto, sabiendo bien lo que los discípulos piensan, sienten y hacen, y viéndolo en sus propias palabras y gestos.

En el proceso de encuentro, este primer paso consiste en salir, superando nuestros miedos al encuentro de personas en las periferias en su realidad cotidiana, con sus problemas, retos, alegrías y sueños. Ello implica ir a sus ambientes, percibir su realidad, observar con ojos de discípulo, escuchar con atención y respeto.

Involucrarse

La segunda acción de Jesús es una de las más sorprendentes en este pasaje. Jesús sabe muy bien lo que ha pasado en Jerusalén, y está muy consciente de la situación difícil que aflige a sus discípulos. Entonces, ¿Por qué Jesús les pregunta a sus discípulos de qué van hablando por el camino, como si él mismo no supiera de sobra la respuesta? Esta acción tan sorprendente de Jesús, la de preguntar primero, es un paso muy importante en la metodología del proceso de encuentro. El encuentro con los demás, sobre todo con personas que pasan por momentos muy difíciles, debe iniciarse preguntándoles sobre sus vidas, sus preocupaciones, sus esperanzas, sus ideas, sus necesidades, sus sueños. Es escuchar profundamente y crear un espacio de confianza y seguridad que permita el desahogo y ofrezca el bálsamo sanador de sentirse escuchado.

Acompañar

La tercera acción de Jesús parece muy normal para un maestro: enseñar. Sin embargo, es sorprendente la manera en que Jesús elige enseñar. Jesús escoge el momento más indicado para compartir con los discípulos una manera muy distinta de interpretar lo sucedido en Jerusalén durante los últimos días. Jesús se tomó el tiempo para explícales con paciencia. En la metodología del proceso de encuentro, el acompañamiento consiste, sobre todo, en crear una relación de confianza, inspirada por las promesas del Evangelio y un profundo respeto por el camino de fe de los demás. Este respeto es de particular importancia en el encuentro con jóvenes, ya que cada joven tiene su propia jornada de fe. En este momento crucial para sus vidas, son ellos quienes buscan un encuentro personal con Jesús que los lleve a la conversión y a la comunión en su vida juvenil, dándole a la Iglesia su rostro joven e irremplazable.

Dar fruto de vida nueva

Los discípulos de Emaús también realizan una acción extraordinaria: invitan a un forastero que apenas conocen a quedarse con ellos a pasar la noche. Otro aspecto extraordinario de este evento es que el forastero acepta la invitación a quedarse con ellos, a continuar la conversación en un espacio de cercanía y de intimidad, que inspira la confianza y la ternura en donde los discípulos se sienten a salvo en un ambiente de confianza y de amistad. La metodología del proceso de encuentro reconoce la amistad, la cercanía y la hospitalidad en este pasaje bíblico como frutos de la acción misionera. Tal como lo hizo Jesús, nosotros debemos aceptar agradecidos la confianza y el cuidado que las personas nos ofrecen al invitarnos a su casa, a comer con ellos, a seguir la conversación iniciada en la catequesis, en la celebración de algún sacramento, o en el camino donde los encontramos.

Festejar

Este es el momento que Jesús anticipó desde que salió en busca de sus discípulos y se unió a ellos en el camino a Emaús. Finalmente, Jesús está con sus discípulos en un ambiente seguro y de confianza alrededor de una mesa y dispuestos a compartir. Los discípulos rebosan de alegría al reconocer a Jesús en la fracción del pan. La acción misionera de Encuentro ofrece muchas oportunidades de salir al encuentro de personas y festejar con ellas de manera sencilla. Cada uno de estos encuentros de cercanía nos permite abrir los ojos, la mente y el corazón a la presencia de Jesucristo Vivo entre nosotros, en los festejos cotidianos y, sobre todo, en la Eucaristía. El regreso de los discípulos a Jerusalén es motivo de gran alegría e inspiración misionera del proceso de encuentro.

Preguntas frecuentes sobre la guía *Creando una Cultura de Encuentro*

¿Cuándo debe comenzar la experiencia de cinco sesiones?

Las comunidades de fe deben decidir el mejor momento para llevar a cabo la experiencia de cinco sesiones. El tiempo de Cuaresma y el tiempo de Pascua son espacios perfectos para hacerlo. Está bien pensar en otras alternativas siempre y cuando los participantes tengan la oportunidad de reunirse en persona, reflexionar y realizar las actividades misioneras recomendadas.

¿Tiene que reunirse el pequeño grupo semanalmente?

Se ha comprobado que las reuniones semanales son efectivas para la interacción de grupos pequeños. Hay cinco sesiones, por tanto el proceso implica cinco reuniones. Puesto que el proceso de encuentro incorpora actividades misioneras y conversación sobre tales actividades, es importante que haya un tiempo adecuado entre cada una de las reuniones. Una reunión semanal sería ideal. Sin embargo, los grupos y las comunidades pueden ser creativos y flexibles. Quizás un grupo de católicos en la pastoral universitaria o un grupo de maestros de escuelas católicas pueden decidir reunirse cada dos semanas; los grupos que se forman en el contexto de la pastoral carcelaria pudieran reunirse una vez al mes. Simplemente asegúrese de que haya cinco reuniones y que éstas no estén muy separadas unas de otras.

¿Qué tan grandes deben ser los grupos?

El tamaño ideal de los grupos debe ser entre 7 y 12 personas. Esta experiencia invita a los participantes a compartir y contribuir lo más que puedan. Es posible tener grupos más grandes. Sin embargo, los facilitadores tienen que asegurarse de que todos los participantes tengan una experiencia profunda.

¿Dónde han de reunirse los grupos?

En donde sea posible: parroquias, escuelas, hogares, grupos de oración, prisiones, hospitales, universidades, seminarios, oficinas, campos, parques, etc. Es importante que su grupo se comunique con el Equipo Parroquial de Encuentro para recibir apoyo y compartir los resultados de la experiencia del grupo.

¿Cuánto debe durar cada sesión?

La sesión de cada sesión varía según la disponibilidad de cada pequeño grupo. Se recomienda que en promedio cada grupo trate de reunirse por un período de 90 minutos.

¿Dónde encuentro la música recomendada en las sesiones?

Cada sesión comenzará y concluirá con un canto. Todos los cantos para las sesiones, incluyendo las letras y la música, están disponibles en la página web de *Creando una Cultura de Encuentro* y en: *https://www.ocp. org/es-us/encuentro-musica*. Considere las

culturas de sus participantes, que posiblemente podrían requerir canciones en un idioma que no sea el español.

¿Podemos cambiar los cantos?

Se recomienda usar los cantos propuestos mientras sea posible para así crear un sentido de comunión e identidad compartida como parte del proceso de encuentro. Sin embargo, está bien que los grupos que sientan que otros cantos similares captan el espíritu de las sesiones usen dichos cantos.

¿Se puede invitar a los niños y a los jóvenes a participar de la experiencia de los cinco sesiones?

Sí, siempre y cuando puedan seguir la conversación e idealmente participar en ella. Algunos agentes pastorales trabajando con grupos de jóvenes y niños pueden decidir adaptar las sesiones de la guía para dialogar mejor con estos grupos. Si usted hace esto en su comunidad de fe o grupo, por favor envíe estas adaptaciones a *diversity@usccb.org* para compartirlas también con otros católicos en el país trabajando con estas poblaciones. La participación de menores debe seguir todas las orientaciones de protección de menores establecidas por USCCB.

¿Qué significa que todos los participantes realizarán actividades misioneras?

Creando una Cultura de Encuentro acoge el espíritu de la Nueva Evangelización y la visión de una Iglesia en salida que sale a la búsqueda del otro. Al final de cada sesión, los participantes son invitados a realizar una actividad misionera sencilla. Esta acción es una oportunidad de dar testimonio de nuestra identidad como discípulos misioneros de Jesucristo. También es una invitación a salir a las periferias de nuestra Iglesia y nuestra sociedad.

¿Cuáles son las periferias a las que son enviados quienes participan en el proceso de Encuentro?

El Papa Francisco nos recuerda como cristianos bautizados que los católicos tenemos que hacer nuestra la llamada de Jesucristo a "salir de la propia comodidad y atreverse a llegar a todas las periferias que necesitan la luz del Evangelio". Las "periferias" son todas aquellas circunstancias en las que muchas hermanas y hermanos experimentan alguna dificultad—material, social, cultural o espiritual. No todas las periferias son iguales. Cada comunidad, cada familia, y cada persona tiene que identificar las periferias inmediatas y salir a encontrar a las personas que habitan allí con un mensaje de amor y de esperanza en un espíritu de acompañamiento. Muchos católicos viven en las periferias de nuestra Iglesia y nuestra sociedad: los jóvenes que ya no ven a la Iglesia como su hogar, los desanimados, los indocumentados, los pobres, las víctimas de abusos y prejuicios, los campesinos y trabajadores en fábricas a quienes no les alcanza el salario para sobrevivir, los ancianos, las familias dispersas, los que viven en la soledad, los adictos, los prisioneros, los enfermos, etc. A todos estos grupos, estamos llamados a llevar la luz del Evangelio.